COLECCIÓN CULTURAL

A calzón amarrado
Amores y desamores
Atrapadas en la casa
Atrapadas en la escuela
Atrapados en la escuela
Días de pinta
Frases célebres de ricos y famosos
Gracias a la gente
Leyendas mexicanas
Mejores frases célebres, Las
México de mis amores
Nuevo refranero popular mexicano
Poder de los Trolls , El
Poesía popular mexicana
Poquianchis, Las
Refranero popular mexicano
Sin pelos en la lengua

COLECCIONES

Belleza
Negocios
Superación personal
Salud
Familia
Literatura infantil
Literatura juvenil
Ciencia para niños
Con los pelos de punta
Pequeños valientes
¡Que la fuerza te acompañe!
Juegos y acertijos
Manualidades
Cultural
Medicina alternativa
Clásicos para niños
Computación
Didáctica
New age
Esoterismo
Historia para niños
Humorismo
Interés general
Compendios de bolsillo
Cocina
Inspiracional
Ajedrez
Pokémon
B. Traven
Disney pasatiempos

Frases y Dichos Célebres de Famosos

Miguel Serratos

SELECTOR
actualidad editorial

Doctor Erazo 120
Colonia Doctores
México 06720, D.F.

Tel. 55 88 72 72
Fax 57 61 57 16

FRASES CÉLEBRES DE RICOS Y FAMOSOS

Diseño de portada: Mónica Jácome y Sergio Osorio

Copyright © 2002, Selector S.A. de C.V.
Derechos de edición reservados para el mundo

ISBN: 970-643-412-7

Primera edición: Febrero de 2002

NI UNA FOTOCOPIA MÁS

Características tipográficas aseguradas conforme a la ley.
Prohibida la reproducción parcial o total de la obra
sin autorización de los editores.
Impreso y encuadernado en México.
Printed and bound in México

A Román Serratos González (q.e.p.d.)

Contenido

Prólogo … 9

Amor … 13
Lucero

Amistad … 37
Danna García

Belleza … 43
Lucía Méndez

Dios … 51
Jaime Sabines

Drogas … 59
Chavela Vargas

Edad … 65
Manolo Fábregas

Éxito, fama y fortuna … 73
Luis Miguel

Felicidad 81
Eileen Abad

Hombres 91
Andrés García

Matrimonio 101
José Ángel Llamas

Mujeres 113
Silvia Navarro

Padres, madres e hijos 127
Fabiola Campomanes

Sexualidad 135
Angélica Aragón

Soledad 153
Ricky Martin

Vida 159
Juan Gabriel

Prólogo

Cuando Miguel Serratos me pidió que le prologara su libro, sobre citas y frases célebres de los famosos —que entonces preparaba—, me pareció que se trataba de una idea más o menos interesante. Sin embargo, qué lejos estaba, de imaginar el deleite que me produciría hojear una a una las páginas de este volumen en el que las palabras de innumerables celebridades no sólo cobran una intensidad inusitada, sino que nos ofrecen un retrato nunca antes imaginado de la parte más íntima de un ser humano (en este caso de los famosos), que son los sentimientos y las ideas.

Siempre inmersos en el trajín diario y la frivolidad que a veces conlleva la vida pública, en esta exhaustiva recopilación de pensamientos excepcionales, los personajes célebres se revelan ante nuestros ojos con insospechados talentos... Y aquí cito al vuelo algunos pasajes que seguro sorprenderán al lector más escéptico.

Miguel Serratos González

✳✳✳✳✳✳✳✳✳✳✳✳✳✳✳✳✳✳✳✳✳

"Estoy tratando de ser una buena tierra para un gran amor". La idea es sublime y pertenece a la actriz Edith González. O, "¿Y a qué horas me presentaron a este güey?, y ya lo amo", de la boca de una siempre ocurrente Susana Zabaleta, actriz y cantante.

También: "Más terrible que nunca haber sido amado, es no haber amado nunca", dice la siempre lapidaria "Doña", María Félix.

Otras voces ilustres pueblan este esfuerzo de recopilación de Serratos, entre éstas las de grandes poetas como Elías Nandino, Jaime Sabines, Ramón López Velarde o Manuel Gutiérrez Nájera, que convergen al unísono con la del cantante Joaquín Sabina, la actriz Lucía Méndez, Lucero, el boricua Ricky Martin, la periodista Lolita Ayala y hasta el medallista olímpico Joaquín Capilla, quienes van del amor y la belleza, al dolor o la importancia de Dios en la vida del hombre.

Así que ya imaginarán ustedes el gran mosaico que tienen en sus manos: lectura de primera, conmovedora unas veces y otras francamente divertida, pero que al final le devuelve a uno la capacidad de reflexión y esa añeja práctica, hoy tan olvidada, de recuperar la tradición oral.

Sin más preámbulo, los dejo con una de

Prólogo

las cientos de máximas con las que se toparán en este libro, que estoy segura volará de mano en mano... Habla Pita Pita Amor: "Mi religión es que cada día que viva (pueda yo) hacer algo por alguien. Si no puedo invitarle una Coca-Cola por lo menos, decirle una palabra bella".

Su amiga, Pati Chapoy.

Lucero. Fotografía: Ramiro Martínez Gutiérrez

Amor

Por amor estamos aquí, por amor vivimos, por amor el mundo sigue girando. Todos lo hemos sentido alguna vez con mayor o menor intensidad, de una u otra manera. Es lo primero que nos enseñó Dios. Pienso que el enamorarse verdaderamente es un proceso muy lento.

El ilusionarse sí puede ser más rápido, es decir, si conoces en unas vacaciones un chico monísimo que te lleva a pasear en moto, que es muy buen surfista; cuando dejas de verlo, extrañas todos esos momentos y crees que es el amor. Pero no has compartido con él sus momentos tristes, los problemas familiares.

El amor es algo más: es el conocimiento amplio de la otra persona. El amor siempre te carga de baterías y energía, te hace sentir vivo y feliz. ¡Yo enamorada funciono de maravilla! Y si entonces me preguntan qué pilas uso, yo no puedo menos que contestarles: ¡las pilas que se llevan en el corazón! No queda más que arriesgarse, ya que en el amor, ¡no hay más que triunfos o derrotas!

Lucero, cantante y actriz mexicana

Miguel Serratos González

✳✳✳✳✳✳✳✳✳✳✳✳✳✳✳✳✳✳✳✳✳✳✳✳✳✳✳✳✳✳✳✳

¿De qué somos que tocarnos nos gusta tanto?
Ricardo Castillo, poeta mexicano

A nadie te pareces desde que yo te amo.
Déjame tenderte entre guirnaldas amarillas.
Pablo Neruda, poeta chileno

Sólo el amor con su ciencia nos vuelve tan inocentes.
Violeta Parra, cantautora chilena

Se amaron con el amor que no tiene palabras,
que tiene sólo besos.
El amor que no deja rastro de sí,
porque es como la sombra de una nube,
la sombra fresca y ligera en que se abren las rosas.
Jaime Sabines, poeta mexicano

Ama con sencillez, como si nada.
Efraín Huerta, poeta mexicano

Todos los románticos somos como niños que nunca crecen.
Gérard Depardieu, actor francés

Nada sin la mano del amor.
Robert Graves

Amor

Yo te pido que nunca me tengas piedad,
envenéname de amor,
dame a beber en tus ojos
dos tragos de sombra de tu corazón.

Jaime Dávalos, poeta argentino

Cuando las personas se enamoran se sienten mejor, y hasta su aspecto cambia. Los ojos son más bellos, la piel... Una se siente mejor. ¿No es curioso? Cada vez que estoy completamente libre, me muero por caer enamorada.

Sonia Braga, actriz brasileña

Esa desconocida era mi preferida, porque ella me aliviaba la pena de ser hombre. La contemplo y la pierdo y sufro la agonía, del dolor que aliviaba como un sol que salía, a calentar el agua fría...

Paul Eluard, poeta francés, a Gala

Sólo soy feliz cuando amo.
Trato de amar las cosas casi incesantemente.
A veces se fatiga mi corazón y lloro
sin lágrimas ni gestos ni dolor indulgente.

Armando Tejada Gómez, poeta argentino

¿Quién le dijo al amor que era de este mundo?

Andrés Ramírez, poeta mexicano

Miguel Serratos González

✳✳✳✳✳✳✳✳✳✳✳✳✳✳✳✳✳✳✳

En torno a mi corazón
ronda una nueva mujer
y siento en mí florecer,
como un jardín de esperanzas,
la magia de una ilusión.

Ricardo Miró, poeta panameño

No la amo porque sus labios sean dulces, ni brillantes sus ojos, ni sus párpados suaves.
No la amo porque entre sus labios salte mi gozo y juegue como juegan los días con la esperanza.
No la amo porque su cuerpo sea para mí la única primavera.
No la amo porque al mirarla sienta en la garganta el agua y al mismo tiempo una sed insaciable.
La amo sencillamente porque no puedo hacer otra cosa que amarla.

El Califa Abderramán

En asuntos de amor, los locos son los que tienen más experiencia. De amor no preguntes nunca a los cuerdos; ellos aman cuerdamente, que es como no haber amado nunca.

Jacinto Benavente, escritor español

Amor: fenómeno en el que el cuerpo y el alma se llenan de miel por culpa de otra persona.

José Ignacio Solórzano (JIS), caricaturista mexicano

91

Yo, a una gente romántica, la valoro y trato de no perderla, no sólo como compañero, sino también como amistad, porque desafortunadamente hay pocas que vibran y sienten el romanticismo.
Lucha Villa, actriz y cantante mexicana

El que no se entrega por temor es un mediocre, un cobarde. El amor hay que vivirlo intensamente, pero sabiendo salirse de él, cuando ya no funciona.
Miguel Bosé, cantante español

Creo que las gentes que de verdad se aman, siempre hacen bien el amor. Los instintos son cosas de la naturaleza, a los cuales no se les pueden poner tantas reglas.
Elena Poniatowska, escritora mexicana

Dirás que no,
pero hoy me levanté a quererte
y a que tú me quieras.
Alejandro Aura, poeta mexicano

Va con retraso esta flor.
Pero por nada en el mundo,
bien lo sabes, ni un segundo
se me atrasará el amor.
Tomás Segovia, poeta español

17

Miguel Serratos González

✳✳✳✳✳✳✳✳✳✳✳✳✳✳✳✳✳✳✳✳✳✳✳✳✳✳✳✳✳

El amor es el principal sentimiento humano. Vivimos debatiéndonos entre las pasiones y los anhelos, el amor nos equilibra. El mejor estado químico del hombre es cuando está enamorado.

Julio Castillo, director de teatro mexicano

Ámame, amor en otras
mientras estoy lejos
no sea que se te olvide
el ejercicio de dar.

Raquel Jodorowsky, poeta chilena

... los enamorados cierran los ojos en lo alto del beso:
la noche se abre para ellos y les devuelve lo perdido,
el vino negro en la copa hecha de una sola gota de sol,
la visión doble, la mariposa fija por un instante en el centro del cielo....

Octavio Paz, poeta mexicano

Amor,
la lluvia nos ha hecho
semejantes a dos gotas de agua
en una misma hoja.

Juan Bañuelos, poeta mexicano

Tu amada ha reclinado la cabeza en tu pecho.
Su mano se entrelaza con la tuya,
cierra los ojos,
palpita su pecho y al sonreír te muestra
los dientes luminosos.
No beses su boca en seguida:
dejarías de ver su sonrisa.

Mucharrif ed-Din Saadi, poeta persa

Hay que dar gracias a la gente que te ama,
nadie tiene obligación de amarte. El amor es
un intercambio de amabilidades, de cosas
bellas. Te regalan una flor, una cosa escrita,
eso es el amor. Hay que agradecer que alguien
te quiera. Y no tienes por qué decir quién te
ama. Si quieres alardear dilo, pero yo respeto
mucho a la gente que me ama. Y le doy gracias.

Chavela Vargas, cantante mexicana

No sé si te amé mucho...
No sé si te amé poco;
pero sí sé que nunca volveré a amar así.

José Ángel Buesa, poeta cubano

El hombre enamorado pierde sus rasgos, se vuelve coloquial y gelatinoso porque se está diluyendo en la mujer.

Juan José Arreola, escritor mexicano

Miguel Serratos González
✳✳✳✳✳✳✳✳✳✳✳✳✳✳✳✳✳✳✳✳✳✳✳✳✳✳✳✳✳✳

Mis vísceras no distinguen, aman, sin preguntarse qué es el amor.

Cristina Peri Rossi, escritora uruguaya

Nunca he usado amuletos para el amor. Los amarres no son legítimos, no sería un triunfo ni una conquista, sino una trampa. Una verdadera mujer se basta sola para conquistar o retener a un hombre.

Ninón Sevilla, actriz y rumbera cubana

El amor se llora como a un muerto,
se goza como un disfraz.
El amor duele como un callo,
aturde como un panal,
y es sabroso
como la uva de cera,
y como la vida
es mortal.

Jaime Sabines, poeta mexicano

¡El amor infinito es un misterio y todo lo imposible cabe en él!

Juan de Dios Peza, poeta mexicano

La humanidad no puede tener más Dios que el amor.

Manuel Gutiérrez Nájera, poeta mexicano

Amor

Sé que no pertenezco a ella pero la siento mía por derecho de amor.
José Emilio Pacheco, poeta mexicano

Mi amor no es amor de mercado porque un amor sagrado no es amor de lucrar.
Silvio Rodríguez, cantautor cubano

No debemos esperar al amor.
Es necesario entregarnos a él como si diéramos los buenos días.
Arturo Trejo Villafuerte, poeta mexicano

... te amo
y un orgullo de plata me corre por el cuerpo.
Efraín Huerta, poeta mexicano

Creo que el amor es necesario en todos los seres humanos: que haya algo por lo qué seguir respirando, pero hay momentos en que se siente uno solo, y si se "aplatana". Mi peor pecado es querer y no sentirme correspondida como yo quisiera.
Paquita la del Barrio, cantante mexicana

Dos pájaros se aman en el aire se separan y se vuelven a besar.
Sergio Mondragón, poeta mexicano

¿No sabes que el amor redime de todos los pecados?
Elena Garro, escritora mexicana

Es muy doloroso el desamor, perder una persona que te ame o que tú amas, siempre nos marca y deja huella, muchos los disimulamos con una sonrisa, pero el daño queda.
Gonzalo Vega, actor mexicano

Mi amada es el remedio de los remedios y no hay farmacopea comparable. Si viene, sanaré; la salud va a volverme nomás al verla.
Anónimo, antiguo Egipto

La única forma de obtener amor es amando.
San Francisco de Sales

Amar es el más poderoso hechizo para ser amado.
Baltazar Gracián, escritor y jesuita español

Así te miro, amor, y te entiendo y te nombro.
Gabriel Zaid, poeta mexicano

De pronto desaparece: de ella sólo me queda su olor entre las flores.
Carlos Oliva, poeta mexicano

Amor

Te amaré... como tengo que amar.
Silvio Rodríguez, cantautor cubano

El amor no existe. El amor hay que inventarlo todos los días, sin descansar ni un minuto. No se puede descansar porque el descanso no nos deja crear y; cuando no se puede crear, no se puede amar. Yo no sé por qué amar duele tanto, pero hay que vivirlo, hay que pasar por el dolor, hay que sufrirlo de punta a punta.
Chavela Vargas, cantante mexicana

Lo único que pido es lo que todos desean en el fondo: que me quieran.
Rita Hayworth, actriz estadounidense

Muchas veces el amor camina junto a nosotros, temeroso de salir de la sombra, y así lo confundimos con la amistad.
Mucharrif ed-Din Saadi, poeta persa

El amor es un hecho universal y total es una fuerza que mueve el universo, tal y como lo descubrió el cosmólogo de Agriento. Y de pronto hacemos responsable de todo a una sola mujer, por el simple hecho de que estamos enamorados de ella.
Juan José Arreola, escritor mexicano

El amor es como una planta a la que hay que regar, quitarle las hojas muertas, sacarla al sol... ¡para que dure verde y linda muchos años!

Armando Manzanero, cantautor mexicano

... amó y fue invadido por la bienaventuranza de su amor.

Patrick Suskind, escritor alemán

El amor es algo absolutamente gratificante y redentor cuando llega, pero sobre cuya llegada no se puede apostar, es decir, que llega o no llega. Sin embargo, es inútil provocarlo a base de imposición. Digamos que es muy caprichoso.

Fernando Savater, filósofo español

... vas conmigo en algún rincón secreto de mi cuerpo
como una segunda alma.

Javier Ramírez, poeta mexicano

Desde que te amo
comparo mis pensamientos viejos
con los presentes...
y reconozco que en estos tiempos
ni siquiera sabía yo pensar.

Atsu Toda, poeta japonés

Amor

Te amo con esa lentitud con que me doy al mundo, con ansiedad de crisantemo deshojándose en el río.
Oscar Wong, poeta mexicano

El amor es una mentira;
pero una mentira que existe,
que ama,
que crece,
que embriaga,
que hiere,
que mata... y que muere.
Elías Nandino, poeta mexicano

La dicha de amar es un galope del corazón sin brida, por el desfiladero de la muerte.
Ramón López Velarde, poeta mexicano

Su amor es para mi vida, la fuente de la eterna juventud.
Mahmud Yelaledine Pacha, poeta turco

El amor nunca tiene razones, y la falta de amor tampoco. Todo son milagros.
Eugene O´Neil, dramaturgo estadounidense

Salimos del amor como de una catástrofe aérea.
Cristina Peri Rosi, escritora uruguaya

El amor sólo crece al arrimo de la esperanza.
Miguel de Cervantes Saavedra, escritor español

Dios mío, déjame retenerlo aunque sea un poco más...
Es el hombre que yo adoro y nuestro amor le sienta bien...
Es un amor más puro que la nieve de las calles, y lo conozco bien.
Edith Piaf, en la canción Mondian

Tengo un corazón programado para amar hasta en defensa propia.
Arturo Trejo Villafuerte, poeta mexicano

El paraíso está siempre allá donde reside el amor.
Anónimo

El corazón es la jaula que guarda el secreto de amor. Y cuando el pájaro huye, jamás vuelve a esa jaula.
Mucharrif ed-Din Saadi, poeta persa

Imaginamos que nos amábamos
mirando el mar en la ventana
y nos amábamos y no había ventana
... ni mar había.
Ethel Krauze, poeta mexicana

Amor

El amor es como un columpio de verbena, que si se mueve despacio aburre, y si se mueve de prisa da la vuelta y nos pulveriza. El amor es un malestar indefinible que nos invita a pasear por un jardín del brazo de una mujer, tropezando con todos los árboles.

El amor es una tableta de aspirina: que quita el dolor de cabeza, pero ataca al corazón. El amor es como el bigote: comenzamos por desearlo con impaciencia; crece entre mimos; nos enorgullece; le cuidamos, le perfilamos; luego nos habituamos a él, y, fatalmente, llega un día en que nos lo afeitamos para siempre.

El amor es como una ruleta: gira continuamente sobre su eje, y cuando se para vemos que nos ha dejado sin un céntimo. El amor es una caja de cerillas, porque sabemos que se nos ha de concluir, pero se nos concluye cuando menos lo esperábamos. El amor es un puntapié en la espinilla: el que lo aguante sufre; el que lo da se desahoga y el que lo ve se ríe. El amor es una montaña rusa, porque al oírla nombrar todos sabemos lo que es, pero si la examinamos de cerca advertimos que ni es rusa, ni es montaña. El amor, en fin, es como un golpe de tos; al principio nos congestiona y al final nos obliga a sacar el pañuelo para secarnos las lágrimas.

Enrique Jardiel Poncela, humorista español

Miguel Serratos González

Todo amor es triste, mas, triste y todo, es lo mejor que existe... el amor es una sal divina que produce una sed inexplicable. En amor, robar es un derecho. El que ama demasiado, aún ama poco. ¡Cuán inútil es que huyamos de los fáciles amores con horror, si cuando más pisamos, más nos embriagan sus flores con su olor. Si un amor se va fácilmente, el amor venidero está en camino. El verdadero amor, si es verdadero, besa, al morir, la mano que le hiere. Nunca el que ama es del todo desdichado.

Ramón de Campoamor, poeta español

El amor ascendía entre nosotros
como la luna entre las dos palmeras
que nunca se abrazaron.

Miguel Hernández, poeta español

Ama despierto, ama vivo, ama con alma: entonces si lo que adoras es estrella, tendrás alas; y si es brisa podrás evaporarte y perderte en ella como una gota de rocío. No; en el amor no hay paralíticos, no hay mudos. Cuando callan los labios, los ojos gritan.

Manuel Gutiérrez Nájera, poeta mexicano

¡Quién te pudiera sentir en el corazón clavada!
Antonio Machado, poeta español

Amor

Amar no es mirarse el uno al otro, sino mirar los dos en la misma dirección.
Antoine de Saint-Exupéry, escritor francés

El amor no tiene sexo, tiene amor.
Elías Nandino, poeta mexicano

Si el amor falta, la casa esta vacía.
Ezra Pound, poeta estadounidense

El amor, es ese algo que nos mantiene en el filo de la navaja, que nos hace sublimes y nos hace idiotas también. Nunca se hacen cosas tan estúpidas como cuando se está enamorado, y nunca se dicen cosas tan hermosas.
Ricardo Arjona, cantautor guatemalteco

Cuando respiras, el corazón que late es el mío.
Anónimo, antiguo Egipto

Y aprendimos tú y yo que la saciedad del amor no es inalcanzable.
Enriqueta Ochoa, poeta mexicana

... en el fuego de tu amor, se quemó mi soledad, como un viejo truco de ilusión,
en mi seco pedregal, fuiste lluvia y fuiste flor.
Patxi Andión, cantautor español

Somos cursis porque queremos que el amor sea eterno y el amor sólo dura lo que puede y nada más. *Oscar Wilde*, escritor inglés

En el amor, y en el boxeo, todo es cuestión de distancia. Si te acercas demasiado me excito, me asusto, me obnubilo, digo tonterías, me echo a temblar. Pero si estás lejos sufro, entristezco me desvelo y escribo poemas.
Cristina Peri Rosi, poeta uruguaya

El amor es la más fuerte de todas las pasiones porque ataca al mismo tiempo a la cabeza, al corazón y al cuerpo.
Francisco María Arouet (Voltaire)

... el amor siendo humano,
tiene algo de divino,
amar no es un delito,
porque hasta Dios amó;
y si el cariño es puro
y el deseo es sincero
por qué robarme quieren
la fe del corazón.
Felipe Pinglo, en su canción El Plebeyo

El amor es pureza... como el color blanco.
Chayanne, cantante puertorriqueño

Amor

Amar en la tierra es sufrir una sed devoradora y no beber más que una gota cada día.
Manuel Gutiérrez Nájera, poeta mexicano

A cambio de tu amor, te ofrendaré mi vida.
Canción popular camboyana

Ni contigo, ni sintingo
tienen mis males remedio:
contigo, porque me matas,
sintigo, porque me muero.
Copla de la tradición oral veracruzana

Cuando uso la palabra quiero, ¿la pronuncio con los labios, con el corazón o con la voluntad?
Jean Baptista Lacordaire, orador sagrado francés

En mi corazón se cruzan y enlazan las frases más tiernas. *Canción popular de Anam*

El amor no debe regalarse a la primera. Debe conquistarse, ganarse con acciones y con el amor mismo. Además, que al amor no lo debes ver sólo como una manera de obtener placer, sino como un compromiso con uno mismo, con el otro, y con el mundo.
Sasha Sokol, cantante mexicana

¡Pródiga, me has dado amor,
y por tanto doy amor!
Amor inefable, apasionado.
Walt Whitman, poeta norteamericano

El amor es una cadena irrenunciable que nos ata a la mujer amada.
Arturo Trejo Villafuerte, poeta mexicano

Amar por toda ciencia y amar por todo anhelo.
Rubén Darío, poeta nicaragüense

El amor es como las matemáticas: + amor − odio x siempre= dos.
Pilar Cabello, habitante de Madrid

El amor es torbellino
de pureza original,
hasta el feroz animal,
susurra su dulce trino...
Violeta Parra, cantautora chilena,

El amor es una mentira... pero funciona.
Rosa Montero, escritora española

El amor forma parte del combustible que mueve mis resortes y me hace sentir viva.
Vanesa Paradis, cantante francesa

Amor

No hagas caso de la gente
sigue la corriente y quiéreme más
que si esto es escandaloso
es más vergonzoso, no saber amar.

Fragmento de la canción Escándalo

Si yo fuera sardina
y tus ojos dos gatitos,
me ofrecería voluntaria
para que me dieses bocaditos.

***Pilar Orea Moreno**, habitante de Madrid*

Aquí está el pecho mujer
que ya sé que lo herirás,
¡Más grande debiera ser
para que lo hirieses más!

***José Martí**, poeta cubano*

Las cosas claras y el chocolate espeso... sólo quiero que sepas que dime con quién andas y te diré quién eres, y como me han aconsejado muchas veces: cuando las barbas de tu vecino veas pelar, pon las tuyas a remojar. Mientras tanto ya sabrás lo que te quiero decir, porque bien es sabido que a buen entendedor, pocas palabras.... P. D. Si no te he aclarado las cosas, unas últimas palabras: te quiero.

***Gema Gómez**, habitante de Madrid*

Quiéreme cuando menos lo merezca, porque será cuando más lo necesite.
Dr. Jekyll

El amor crece frío sin comida ni vino.
Proverbio latino

Pensar en ti, es lo mejor que hay, después de estar contigo.
Miriam Cabria, habitante de Sahagún

El amor de un estudiante es como un vaso de cristal, cuando se rompe se coloca otro en su lugar.
Aída E. Verdugo, habitante de Aranjuez

Amor es cuesta arriba odio es cuesta abajo, yo prefiero cuesta arriba, aunque cueste más trabajo.
María Teresa Reyes, habitante de Sevilla

El amor nace como el maíz
por ciclo y en decoro.
Enoch Cancino Casahonda, poeta mexicano

Debes ver el amor como una cosa basada en la generosidad, y nunca en el sacrificio.
Carmen Maura, actriz española

Amor

Te quiero en diciembre, en enero,
te quiero día a día, el año entero.
   José Coronel Urtecho, poeta nicaragüense

Te quiero, ya ves
Seré lo que tú prefieras, tu luz o tu sombra
o acaso una alfombra besando tus pies.
   Luis Eduardo Aute, cantautor español,

Si alguna vez fui un ave de paso,
lo olvidé para anidar en tus brazos.
Si alguna vez fui bello y fui bueno,
fue enredado en tu cuello y tus senos.
Si alguna vez fui sabio en amores,
lo aprendí de tus labios cantores.
Si alguna vez amé,
si algún día
después de amar, amé,
fue por tu amor...
   Lucía *de Joan Manuel Serrat*

Amar es percibir, cuando te ausentas
tu perfume en el aire que respiro,
y contemplar la estrella en que te alejas
cuando cierro la puerta de la noche.
   Salvador Novo, poeta mexicano

Danna García. Fotografía: Miguel Serratos González

Amistad

La amistad es una manera de amar. Más cálida, más blanca, más de sonrisas y besito en la mejilla; más frágil, sí, pero que con el tiempo, se va fortaleciendo con las buenas acciones que damos y recibimos.

Creo en el flechazo de amor, pero estoy más abonada con quienes creen que el amor antecedido por una buena y sincera amistad, es más duradero, ¡hasta definitivo! Y ya en el matrimonio, es bueno usar la amistad para además de un buen marido, cosechar unos extraordinarios hijos: sensibles, trabajadores, bondadosos y sinceros.

Tú le puedes echar en cara a un amor lo que ha dejado de hacer por ti, su descuido y abandono; lo que has hecho, o dejado de hacer por complacerlo a él; pero no a un amigo, ¡él no te pidió nada! Lo que tú le has dado, es porque tu corazón, aterciopeladito como durazno, así lo sintió. Así lo palpitó. Posiblemente, porque soy tímida a morir, ese quehacer de la amistad, empecé practicándolo con mis papás y mis hermanos. Lo que me trajo una gran comunión con todos. Luego ya

he ejercido la amistad, de manera más suelta, con algunas lindas gentes, que se han acercado a mí. De una auditoria realizada a mi alma y a mi corazón, sobre la amistad dada y recibida, saldría con saldo en contra. Mis amigos me han querido tanto, tanto, tanto.
Danna García Osuna, actriz y cantante colombiana

Amistad: forma curiosa de relación entre personas que se sienten con el derecho de pedirse dinero prestado.
José Ignacio Solórzano, (JIS), caricaturista mexicano

Cuando un amigo se va
una estrella se ha perdido.
Alberto Cortés, cantautor argentino

Sólo los verdaderos amigos nos dicen que tenemos la cara sucia.
Proverbio siciliano

Vale la pena llorar por un amigo perdido, pero nunca por un amor que te abandona.
Anna Nicole Smith, playmate estadounidense

La amistad es como el dinero: es más fácil hacerla que guardarla.
Samuel Buttler, poeta inglés

Amistad

Vale más un amigo cuando estás en la opulencia que tres en la desgracia. En la opulencia conservas al amigo; en cambio, en la pobreza pierdes a los tres.
Augusto Monterroso, escritor guatemalteco

Amistad es el mejor bálsamo para confrontar el dolor de un amor desdichado.
Jane Austen, novelista inglesa

El que prescinde de un amigo es como el que prescinde de su vida.
Sófocles, poeta trágico griego

La amistad es el matrimonio del alma, y este matrimonio está sujeto al divorcio.
Francisco María Arouet, Voltaire

Amigos son aquellos que acuden en la prosperidad al ser llamados, y en la adversidad, sin serlo.
Demetrio I, rey de Macedonia

Nunca debes fiarte de la gente que te rodea durante un triunfo, es mejor que te fíes de la gente que permanece a tu lado durante una derrota. Esos son siempre los buenos amigos.
Robert de Niro, actor estadounidense

Es más vergonzoso dudar de los amigos que ser embarcado por ellos.
> *Francois de La Rochefoucauld*

La amistad es el amor, pero sin alas.
> *Lord Byron*, poeta inglés

Cuando eres amigo de alguien, no tratas de caerle bien, demostrándole sólo tu mejor lado, sino que te muestras tal cual eres.
> *Christian Bach*, actriz argentina

La amistad es una especie de amor en el que no interviene la cama.
> *Miguel Bosé*, actor y cantante español

A los amigos, como a los dientes, los vamos perdiendo con los años, no siempre sin dolor.
> *Cajal*

Los amigos se parecen a las navajas para la barba: sale una buena entre diez.
> *Ramón de Campoamor*, poeta español

En los momentos difíciles un buen amigo es mejor que un novio, porque la amistad nunca se acaba.
> *Melanie*, del grupo Spice Girls

Amistad

Un hermano puede no ser una migo; pero un amigo será siempre un hermano.
Benjamín Franklin

Amigo, conocido sol.
Mauricio Siller, poeta mexicano

Un amigo fiel es la medicina de la vida.
La Biblia

Lucía Méndez. Fotografía: Ramiro Martínez Gutiérrez

Belleza

De niño, uno no es consciente de si es más o menos bonito que otros niños. Lo importante es estar sanos y tener energía. Y sólo nos hace hermosos, el usar esa energía, obedeciendo a los padres, aplicándonos en la escuela o conviviendo con otros niños. El caos sobreviene, cuando los mayores nos inculcan, el que somos superiores, nada más por ser más bonitos. Nos nombran reina de la primavera o nos escogen para llevar la bandera... en fin, ¡nos hacen guardar distancia con la vida!

Creo que cualquier mujer que desee figurar y triunfar, no sólo dentro del espectáculo, sino de su profesión y la vida misma, debe una de preocuparse de que belleza e inteligencia vayan tomadas de la mano. Por mucho tiempo se ha dicho que, en su mayoría, las mujeres bellas son tontas; yo no lo creo. Actualmente, la mujer está más preparada, más abierta a nuevos retos y dispuesta a tomar nuevos caminos.

Al pasar los cuarenta años, mi cara y mi cuerpo han cambiado, pero no siento que se hubieran deteriorado mayormente. Exigen más cuidado. Y éste se lo doy a través del ejercicio, de alimentarme sanamente; pero sobre todo, manteniéndome con una actitud positiva y una gran dedicación a mi trabajo. El ver que, en Pedro Antonio, estoy formando un lindo ser humano, también me nutre muchísimo. Le da más luz a mi rostro y vitalidad a mi cuerpo. Me vería mejor, si no fumara, me tomara mis copitas de vez en cuando, o no me desvelara.

Para seguir sintiéndome bella, que es igual a decir feliz, sólo le pido a Dios que me siga dando mucha salud y bastante paz, que de lo demás yo me encargo.

Lucía Méndez, actriz y cantante mexicana

Tiene unos ojos tan hermosos, tan profundos y tan limpios, que uno desearía bañarse en ellos. *Víctor Hugo*, novelista francés

Dime, oh Dios, si mis ojos realmente la fiel verdad de la belleza miran; o si la belleza está en mi mente y mis ojos la ven por doquier que giran. *Miguel Ángel*, escultor italiano

El oro que compra la salud, nunca puede considerarse mal empleado.

John Webster, dramaturgo inglés

Belleza

Te envío este perfume
para adornar no a ti
sino al perfume:
tú misma eres perfume del perfume.
José Emilio Pacheco, poeta mexicano

... ésa es la mujer más hermosa que se ha dado sobre la tierra.
Juan Rulfo, en Pedro Páramo

... su piel exhalaba un hálito tenue que sólo podía ser el olor propio de su belleza.
Gabriel García Márquez, en El avión de la bella durmiente

Y la belleza pasó rápido, como el modelo de los autos. *Ernesto Cardenal*, poeta nicaragüense

as cosas pueden ser bonitas, graciosas, ricas, elegantes, atractivas, pero hasta que le hablan a la imaginación no son bellas.
Ralph Waldo Emerson, poeta inglés.

Vestirse excesivamente obstaculiza al cuerpo para moverse con libertad. Las riquezas excesivas interfieren con los movimientos de nuestra alma.
Demóstenes, político y orador ateniense

Y tu belleza divina
y tu gracia y seducción
caben en una vitrina
breve como un corazón.
> *José Juan Tablada*, poeta mexicano

Que tu belleza ilumine el camino
y que en nuestros labios
nunca falte la humedad de los besos.
> *Arturo Trejo Villafuerte*, poeta mexicano

La belleza es una carta de recomendación que nos gana de antemano los corazones.
> *Jean Anouilh*, dramaturgo francés

Ignoradamente bella
flotas, cual mi destino,
siguiendo el vaivén divino
de lo inmenso y puro, estrella
del crepúsculo marino.
> *Tomás Segovia*, poeta español

Qué injusticia, ¿no crees? Nadie escoge su cara y si una nace fea por fuera, la gente se las arregla para que también se vaya haciendo fea por dentro.
> *José Emilio Pacheco*, en su libro El Principio del Placer

Belleza

Cuando me levanto por las mañanas con los ojos hinchados y los pelos de punta, ahí no hay *sex symbol* que valga, a esa hora delante del espejo, todos somos iguales.
Antonio Banderas, actor español

¿Qué cosas bellas podrías comprar, que fuesen más preciosas que las rosas?
Abu-Yschaacq, poeta persa

Ella parecía ignorarnos, escondida en su belleza.
Elena Garro, en Los Recuerdos del Porvenir

Espera ser recordada como alguien que embelleció este mundo.
Proverbio popular

La belleza es una de las pocas cosas que no hacen dudar de la existencia de Dios.
Jean Anouilh, dramaturgo francés

Soy la reina, la reina por bonita,
y un jicote aguamielero
no cuadra con mi amor.
Francisco Gabilondo Soler, Crí Crí

... el juego triste y brutal de la belleza continúa.
Jaime Aljure, poeta colombiano

La belleza del cuerpo es cosa animal si tras ella no hay inteligencia.
Demócrito, filósofo griego

La belleza empieza en las formas y termina en el carácter.
Marlene Dietrich, actriz alemana

¡Antójateles y no les des nada!
Eva Norvind, modelo a su hija Nailea.

Definir lo bello es fácil; es lo que desespero.
Paul Valéry, escritor francés

Una mujer buena siempre es bella.
Anónimo

La belleza, como el amor, es lo único serio en la vida; serio como la sonrisa.
José María Eguren, escritor peruano, en Noche Azul

Todo el rollo ese de mantenerse en forma y no echar barriga está acabando con la diversión y con mi país.
Jack Nicholson, actor estadounidense

Para mí, eres bello hasta que se demuestre que eres feo.
Diane Ackerman

Belleza

Cerraos, bellos ojos...
y así no me veréis morir de antojo.
Angel Falcó, poeta uruguayo

Una mujer que finca su valor en su belleza, no puede evitar verse un día fea, otro día vieja y el resto del tiempo extraordinariamente estúpida.
Irma Serrano, cantante y actriz mexicana

Quien no ama con todos sus cinco sentidos a una mujer hermosa, no estima a la naturaleza su mayor cuidado y su mayor obra.
Francisco de Quevedo, escritor español

Yo creo que la belleza no tiene forma. Como los brillantes... y como usted.
Víctor Junco, en la película Llamas contra el viento

Cuando florece una rosa, las abejas vienen de todos lados, sin invitación y sin haber sido consultadas. *Sri Ramakrishna*

Te sorprendería saber qué caro me cuesta lucir tan barata. *Dolly Parton, cantante estadounidense*

Lo más importante para verse bella es estar saludable y ¡enamorada!
Liza Minelli, cantante estadounidense

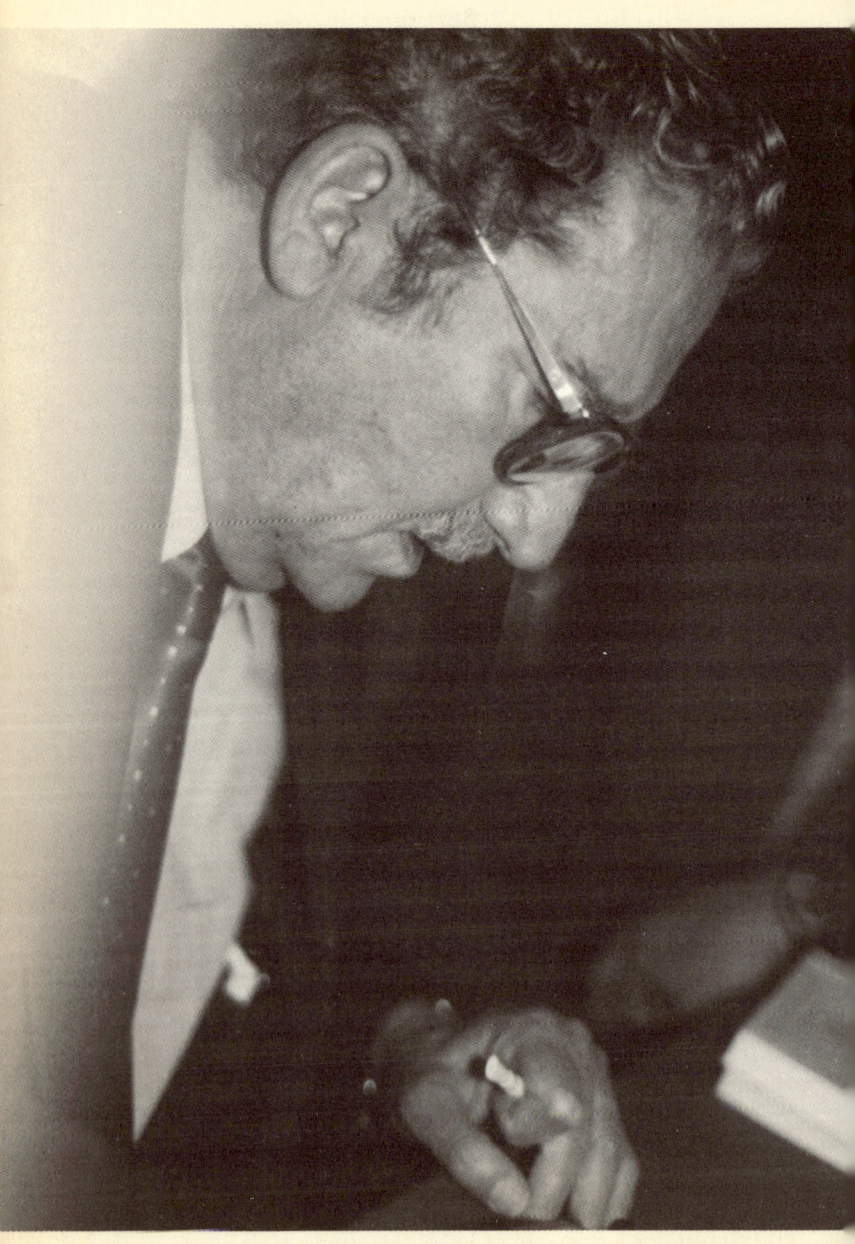

Jaime Sabines. Fotografía: Miguel Serratos González

Dios

Me encanta Dios.
Es un viejo magnífico que no se toma en serio.
A él le gusta jugar y juega,
y a veces se le pasa la mano y nos rompe una pierna
o nos aplasta definitivamente.
Pero esto sucede porque es un gran cegatón
y bastante torpe de las manos.
Nos ha enviado a algunos tipos excepcionales
como Buda, Cristo, o Mahoma, o mi tía Chofi,
para que nos digan que nos portemos bien.
Pero esto a él no le preocupa mucho: nos conoce.
Sabe que el pez grande se traga al chico,
que la lagartija grande se traga a la pequeña,
que el hombre se traga al hombre.
Y por eso inventó, la muerte: para que la vida
—no tú ni yo—
la vida, sea para siempre.
Ahora los científicos salen con su teoría del Big Bang...
Pero ¿qué importa si el universo se expande interminablemente o se contrae?
Esto es asunto sólo para agencias de viajes.
A mí me encanta Dios.

Miguel Serratos González

Ha puesto orden en las galaxias y distribuye bien
el tránsito en el camino de las hormigas.
Y es tan juguetón y travieso que el otro día descubrí
que ha hecho —frente al ataque de los antibióticos—
¡bacterias mutantes!
Viejo sabio o niño explorador,
ni cuando deja de jugar con sus soldaditos
de plomo de carne y hueso,
hace campos de flores
o pinta el cielo de manera increíble
Mueve una mano y hace el mar,
y mueve otra y hace el bosque.
Y cuando pasa por encima de nosotros
quedan las nubes, pedazos de aliento.
Dicen que a veces se enfurece
y hace terremotos, y manda tormentas,
caudales de fuego, vientos desatados,
aguas alevosas, castigos y desastres.
Pero esto es mentira.
Es la tierra que cambia —y se agita y crece—
cuando Dios se aleja.
Dios siempre está de buen humor.
Por eso es el preferido de mis padres,
el escogido de mis hijos,
el más cercano de mis hermanos,

Dios

la mujer más amada, el perrito y la pulga,
la piedra más antigua, el pétalo más tierno,
el aroma más dulce, la noche insondable,
el borboteo de luz, el manantial que soy.
A mí me gusta, a mí me encanta Dios.
Que Dios bendiga a Dios.
      Jaime Sabines, poeta mexicano

Si Dios no hubiera descansado el domingo hubiera concluido el mundo.
    Gabriel García Márquez, escritor colombiano

La fe es algo que se conquista todos los días, es lucha contra la duda, el desengaño y la vacilación.
    Miguel Ángel Asturias, poeta guatemalteco

Señor, Dios mío:
no vayas a querer desfigurar
mi pobre cuerpo pasajero.
    Ramón López Velarde, poeta mexicano

¡Dios es eternidad!,
y su presencia
abarca desde el cielo a mi conciencia
y Él es todo
y yo parte de su vida.
    Elías Nandino, poeta mexicano

Dios es un bongocero: nos hace bailar al ritmo que quiere.

Tito Vasconcelos, actor mexicano

Todo lo que sé es que si Dios me ama siquiera la mitad de lo que me quiere mi madre, no me enviará al infierno.

Lin Yutang, pensador chino

El dolor no es otra cosa que la falta de contacto con Dios.

Sinead O´Connor, cantante irlandesa

No le pidas a Dios que te haga más fácil la vida, pídele que sepas ser más fuerte.

Proverbio hindú

Dios es fuego y todos somos pequeñas flamas.

A. Rice

¡Ay Dios, qué mal tratas a los que te queremos, con razón somos tan pocos! A mí me ha pateado, me ha dado duro.

Santa Teresa de Avila

Aquel que desee ver a Dios, que limpie su espejo y purifique su corazón.

Ricardo de Saint-Víctor, escritor francés

Dios

Cuanto más te da Dios, más espera de ti. Y lo mejor que puedes hacer es intentar seguir siendo una buena persona.
Sean Young, actriz estadounidense

¡Qué cercanos de Dios se alzaron nuestros pasos contagiados de alas!
Julia de Burgos, poeta puertorriqueña

Es preciso saber florecer donde Dios nos plantó.
Anónimo

De Dios sólo me despreocupo, porque no me lo puedo imaginar tirano.
Enrique Rocha, actor mexicano

Loemos al señor que hizo en un trueno el diamante de amor de la alegría para todo el que es fuerte y sereno.
Carlos Pellicer, poeta mexicano

Dios es el único, que para reinar, no necesita siquiera existir.
Charles Baudelaire, poeta francés

Oh Señor, tú nos lo das todo por el precio de un esfuerzo.
Leonardo Da Vinci, pintor italiano

Creo que Dios, un Dios diferente, está dentro de mí cuando hago algo importante, cuando creo o cuando sirvo de vehículo en el escenario para comunicarme con los demás. Y como es mi amigo le tuteo.

David Bowie, cantante inglés

Mi relación con la religión es de mucha independencia. Tengo una fe independiente, no sé qué cara tiene o dónde está. Sólo sé que existe una sucursal de él dentro de mí, que se llama fe.   *Miguel Bosé*, cantautor español

Si yo veo dos seres humanos bellos me divierto creando una gran pasión entre ellos como si yo fuera Dios.

Salvador Dalí, pintor español

Fueron los dioses quienes me hicieron como soy: cúlpelos a ellos, si así lo quiere.
Song of the young man girls cannot resist (indio Omaha)

Dios por dentro de los cuerpos,
Dios por fuera de los astros,
Dios emergiendo en las flores,
Dios cimbrándose en los pájaros.

Guadalupe Amor, poetisa mexicana

Dios

Si realmente entiendes a Dios, sabrás cómo comunicarte con todos los hombres.
Frase beréber

Nada de lo que es de Dios puede obtenerse con dinero.
Tertuliano

Dios en su sabiduría hizo la mosca y se le olvidó decirnos para qué cosa.
Ogden Nash, cómico estadounidense

Dios da la vida para que amemos una vez... acaso más.
Manuel Gutiérrez Nájera, poeta mexicano

Cuando un ser humano entrega su alma a Dios, es porque ya no podía con su alma.
Enrique Jardiel Poncela, escritor español

Las obras del diablo las vemos todos los días, y las de Dios pocas veces.
Elena Garro, escritora mexicana

Si no tienes fe, nunca vas a poder hacer nada en la vida. Eso te hace superar las adversidades.
Vica Andrade, modelo costarricense

Chavela Vargas. Fotografía: Álvaro Capistrán

Drogas

Muchos creían que me había muerto. Pero no. Estaba perdida en el fondo de un abismo. Soy la más tímida del mundo y necesitaba alcohol para salir a un escenario. Primero una copita, luego dos y hasta ochenta para quitarme ese miedo.

Yo me bebí todo el tequila de México, del verdadero. Por eso ya no hay tequila bueno. Comencé a beber hasta que el alcohol me agarró a mí, no yo a él. No me da vergüenza hablar de eso, porque el alcoholismo es una enfermedad y yo pude salir a tiempo —después de 30 años— sin tratamientos, sin pastillas ni psicólogos, para volver a cantar.

¿De dónde saqué la fuerza necesaria para salir del abismo? Yo me enamoré de alguien. Esa gente me ayudo al principio y, cuando dejé el alcohol, pues me dejó. Y pensé que iba a volver a beber, pero no. Me dejaron, sufrí, la pasé feo, pero no volví a beber.

Quiero decir que soy yo la que estaba para arriba, aunque el amor contribuyó un poco, 99 por ciento fue mío, porque si no quieres dejar de beber, no lo dejas ni por cincuenta mil amores.

Miguel Serratos González

Mi pasión ahora es verlo todo sin alcohol. Veo que todo es hermosísimo, que un amanecer y un anochecer son bellísimos, que no tengo cruda, resaca. Yo digo, como Pablo Neruda, confieso que he vivido y bebido a montones.
Chavela Vargas, cantante mexicana

El vino da brillantez a las campiñas, exalta los corazones, enciende las pupilas y pone los pies a danzar.
José Ortega y Gasset, filósofo español

La embriaguez es un suicidio temporal; la felicidad que proporciona es meramente negativa, tan sólo es el cese momentáneo de la infelicidad.
Bertrand Russell, filósofo inglés

El vino es prueba fehaciente de que Dios nos ama y quiere que estemos contentos.
Benjamín Franklin, inventor estadounidense

Un vaso de vino en el momento oportuno, vale más que todas las riquezas de la tierra.
Gustav Mahler, músico alemán

El tabaco, fragante como un bosque en otoño.
Armando Tejada Gómez, poeta argentino

Drogas

Todos bebemos menos tú: por tanto, parecías el único borracho.

José Emilio Pacheco, poeta mexicano

Quien quiera corregirse de la embriaguez, que empiece por observar atentamente a un hombre ebrio.

Proverbio chino

El alcohol provoca el deseo, pero impide su ejecución.

William Shakespeare, dramaturgo inglés

Pienso que el consumir drogas es una forma ridícula de evadirse de la realidad. En el barrio donde nací, corría de mano en mano. Yo nunca caí en la tentación y por eso estoy donde estoy. El que la prueba y cae en ella demuestra una falta de voluntad y de amor propio terrible.
Deseo que los jóvenes se fijen en la gente que, como yo, estamos en nuestro puesto sólo gracias a la fuerza de la voluntad. La droga no soluciona nada. Al contrario, mata a la gente.

Michael Jordan, basquetbolista estadounidense

He obtenido más del alcohol que lo que el alcohol ha obtenido de mí.

Winston Churchill, político británico

El darse a la bebida o al consumo de drogas no es algo que se haga de un día para otro. Empiezas probándolo, te pones a gusto y repites. Piensas que eres capaz de decidir en qué momento debes detenerte, pero eso no es verdad. El whisky y la cocaína fueron mis compañeros de crisis. La pasamos juntos los tres, y fue peor el remedio que la enfermedad. Dios mío, ni siquiera me han quedado ganas de recordar aquellos días. Lo peor es que acabas anulándote a ti mismo, pierdes completamente la voluntad. Cuando te acostumbras a la droga, crees que todo para ti será peor si la dejas. Y en definitiva, esa es la trampa. Cuando me enteré de la muerte de John Belushi, me cagué en los pantalones. Éramos buenos amigos, solíamos drogarnos y emborracharnos juntos. Una pérdida así te deja devastado, es una sensación indescriptible, como un gran vacío. Después nació mi primer hijo, y eso fue el detonante de mi rehabilitación definitiva. Me dije: "Robin, tío, no puedes ser buen padre si tienes el cerebro frito por la cocaína. Después me respondí: "Tengo razón". Así que me puse en manos de un psiquiatra, que probablemente se ha hecho millonario con todo el dinero que llegué a pagarle.

Robin Williams, actor estadounidense

Drogas

El trago para mí no es diversión, sino parte de mi alimentación... la sonrisa que no proviene del alcohol es ficticia.

Armando Manzanero, cantautor mexicano

Las drogas no hacen mejor ni más feliz a quien las consume; por el contrario, lo confunden, debilitan su voluntad y lo hacen sentirse profundamente solo. Las drogas no dan más energía, ni más inteligencia, pero si enferman, provocan adicción, cancelan la libertad y propician el incumplimiento del deber.
Debido a que la droga se ha abaratado, basta que los niños y los jóvenes estiren la mano con unas pocas monedas, para que ésta les caiga al instante. Actualmente, el alcohol y todos los derivados de la cocaína son las drogas más consumidas por los jóvenes. Hemos descubierto que en las mujeres de más de 40 años se está dando un importante consumo de anfetaminas, tranquilizantes y pastillas para dormir, mismas que les fueron recetadas por su propio médico. Está comprobado que con sólo dos meses que una persona tome cualquiera de esas pastillas, tiene 80 por ciento de probabilidades de desarrollar adicción. Adicción a la que el propio médico le abrió la puerta.

Ninfa Sada de Salinas, presidenta de Fundación Azteca

Manolo Fábregas. Fotografía: Rafael Sánchez Navarro

Edad

No me gusta pensar en la edad; me gusta pensar en cómo me siento. La edad es cuestión de calendario y poco tiene que ver con el ama. Siéntete joven de tu edad y no tengas envidia, porque la envidia corroe, primero, la mente, luego, la salud y, por último, la cara.

No creo en el mito de que la vida empieza a los cuarenta o los cincuenta; la vida comienza cuando tú quieres; yo tengo ganas de empezar todos los días.

Tengo un profundo respeto por la ancianidad... ninguno por la senectud. Hay una diferencia: la ancianidad es resultado del paso del tiempo, la senectud es flojera de vivir, es sentirse y actuar como viejo. Te mantienes joven siendo optimista, trabajando con gusto, con placer, sin quejas, olvidando la palabra "imposible".

Manolo Fábregas, señor del teatro mexicano

Las brujas de hoy no son sino las hadas de otros tiempos, que envejecieron mal.

Magda Carreño, periodista mexicana

Miguel Serratos González

Si mueren las estrellas, ¿cómo no nos vamos a morir nosotros? Sólo los pobres seres humanos somos capaces de andar por el mundo con la ilusión de que siempre vamos a ser jóvenes y bellos.

Isabel Allende, escritora chilena

Mientras más viejo te pongas,
como me pasa a mí,
te vas a dar cuenta de que las muchachas son más lindas.
Parece que lo hicieran a propósito.
Son más lindas mientras más viejo te pones tú.

Eliseo Diego, poeta cubano

Había perdido en la espera la fuerza de los muslos, la dureza de los senos, el hábito de la ternura, pero conservaba intacta la locura del corazón.

Gabriel García Márquez, premio Nobel de Literatura

Cada uno de nosotros tenemos que atravesar muchas pruebas a lo largo de la vida y al superarlas, ganamos en madurez. Cuando se llega al ecuador de la vida, hay que saber mirarla con frialdad, aceptar lo que hemos hecho de ella y elegir cómo queremos continuarla.

Sharon Stone, actriz estadounidense

Edad

Nada mejor que una mala salud porque te obliga a vivir con prudencia. Y además, permanecer joven por dentro, sin envidia corrosiva por nadie, trasciende al aspecto anterior.

Salvador Novo, poeta mexicano

Al envejecer, nuestros sentidos pierden poco a poco su agudeza, nuestras emociones se endurecen ante el sufrimiento, la injusticia y la crueldad, y nuestra visión de la vida se oscurece por el exceso de preocupación con las realidades frías y triviales.

Lin Yutang, pensador chino

Me gusta la palabra viejo, pero odio la palabra senecto, y más aún la de sexagenario, éstas son piezas irreversibles, pedantes y ominosas. Con la palabra viejo se puede jugar: mi vieja, mi viejo, viejos los cerros... y es afectuosa, suave. Pero con las otras, es como si le pusieran a uno un corsé definitivo, como si lo entablaran a uno.

Jaime Sabines, poeta mexicano

La caricia se vuelve más suave que nunca cuando se traspasa la frontera de los cincuenta. Es el momento sublime para la ternura.

Mercedes Holgueras, periodista española

A los cuarenta y dos años todavía se es joven, pero también lo bastante viejo como para tener una visión global, es hora de dejar de vivir completamente para uno mismo y empezar a ser consciente de las huellas que se dejan, y de cómo las cosas empiezan a esparcirse delante tuyo.
Bruce Springsteen, cantante estadounidense

Uno envejece para el amor y la mentira pero no para el asombro.
G. K. Chesterton, escritor inglés

Tengo más de cincuenta años, por qué no pensar que prácticamente me falta de todo.
Joan Manuel Serrat, cantautor español

Un hombre comienza realmente a envejecer cuando ya no se preocupa.
Alberto Moravia, escritor italiano

Las arrugas dan más personalidad a la cara y no me han asustado nunca.
Anjelica Huston, actriz estadounidense

La vejez es un tirano que prohíbe, bajo pena de muerte, todos los placeres de la juventud.
La Rochefoucald, escritor francés

Edad

No llegar a una edad en que le estorbes a todo el mundo, en que empieces a perder tus facultades, en que la familia no te soporta porque eres la viejita de la casa. Yo le pido a la vida que, así como nací una noche, así me vaya tranquila, sin aspavientos.

Chavela Vargas, cantante mexicana

Hacerse viejo no es para los débiles.

Bette Davis, actriz estadounidense.

En mi caso, todavía es pronto para decirlo. Aún me considero un hombre joven, con muchísimo camino por recorrer. Es cierto que cada año aprendo nuevas cosas y me voy conociendo mejor, pero todavía no sé si la madurez me sentará bien. Como sucede con algunos vinos, igual me pico.

Gérard Depardieu, actor francés

No tomar en cuenta el tiempo. Yo me siento un niño de excesivos años. Así me siento. Y mientras pueda trabajar y sienta que mi inteligencia está al mismo nivel que en otras épocas, me doy por satisfecho. Cuando sienta decaer mi memoria, mi inteligencia, mi curiosidad, mi avidez por conocer cosas nuevas... ¡adiós!

Luis Cardoza y Aragón, poeta guatemalteco

La vejez no es obra del tiempo sino del desgaste.
>*Anónimo*

La edad no nos protege del amor; pero el amor, en cierta medida, nos protege de la edad.
>*Jeanne Moreau*, actriz francesa

La vejez empieza cuando los recuerdos pesan más que la esperanza.
>*Confucio*, filósofo chino

Lo trágico es que, si el hombre es longevo, tiene que contemplar su propio derrumbe.
>*Elías Nandino*, poeta mexicano

Ya somos todo aquello contra lo que luchamos a los veinte años.
>*José Emilio Pacheco*, poeta mexicano

Respeten a los ancianos,
el burlarlos no es hazaña...
La cigüeña, cuando es vieja,
pierde la vista; y procuran
cuidarlas en su edad madura
todas sus hijas pequeñas;
aprendan de las cigüeñas
este ejemplo de ternura.
>*Miguel Hernández*, poeta español

Edad

No le tengo miedo a la muerte, pienso que hay que verla de lejos, pero no acercarse a ella. ¿Miedo, por qué? Siempre he dicho que no estoy en la vejez, sino en la juventud de mi vejez. Es viejo el que no tiene espíritu de lucha, el que no tiene inocencia; hay que regresar años atrás y acarrear energía para la vejez.

Salvador, **Chava**, *Flores*, cantautor mexicano

Nadie es tan viejo como el que ha dejado atrás el entusiasmo.

Henry David Thoreau, escritor estadounidense

La vejez es una parodia de la vida.

Simone de Beauvoir, escritora francesa

Puesto que envejezco se avecina la muerte. Sólo deseo más estar contigo.

De un poema japonés anónimo

La ancianidad es, como la maternidad, una especie de sacerdocio.

Chateaubriand, escritor francés

Aceptar que los años pasan y que, más que deteriorar tu cuerpo, te traen consigo la madurez que requieres para vivir plenamente.

Kim Bassinger, actriz estadounidense

Luis Miguel. Fotografía: Mi Guía Editorial, S.A. de C.V.
(José Manuel Jiménez)

Éxito, fama y fortuna

No me interesa convertirme en un monstruo. Porque eso se me figura que debe ser como perder el sentido de la realidad. Alejarse de todo, de tu verdadera identidad. No quiero perder mis ratos libres, los que puedo disfrutar tranquilamente en casa, al lado de mi gente, con las cosas pequeñas, los detalles, los amigos.

No quiero perder mi capacidad de asombro, mi sensibilidad, el hecho de gozar lo que tengo. Sí, quiero llegar más alto aún; lo bueno es que me queda mucho camino por recorrer, muchas cosas por hacer. Para mí no existen límites, no tengo metas definidas. Sencillamente quiero continuar siempre hacia adelante y crecer más.

Llegar hasta donde se pueda, pero sin perder mis valores. Todos los días se aprenden cosas nuevas y valiosas. Y cada día que no haces nada, es un paso para atrás. Incluso cuando das un paso equivocado, das un paso adelante, porque aprendes; y esa lección te va a representar dar diez pasos para adelante, en el futuro.

El hombre tiene que seguir aprendiendo, asimilando y canalizando estas cosas de una forma positiva. Nací luchador y voy a morir luchando. Hasta ahora, cuanto más difícil me ha puesto las cosas la vida, más divertido me parece. Y conseguir las cosas de modo lícito, a lo derecho; es decir: trabajando mucho. Porque si lo haces con trampas, tarde o temprano, alguien te va a descubrir. Y ésa va a ser tu destrucción.

Luis Miguel, cantante mexicano

Ningún hombre es un fracasado si goza de la vida. *William Feather*

Lo más agradable de ser una celebridad es que cuando aburres a los demás ellos piensan que es por su culpa.

Kevin Costner, actor estadounidense

El éxito tiene muchos padres, pero el fracaso es huérfano.

John F. Kennedy, expresidente de Estados Unidos

La fortuna es como el mercado, donde muchas veces, si uno se queda un rato más, el precio baja.

Francis Bacon, filósofo inglés

Éxito, fama y fortuna

La fama viene si se arrima uno al toro.
> **Curro *Rivera*,** *torero mexicano*

Pon tu corazón, mente, intelecto y alma hasta en tus más pequeñas acciones; ese es el secreto del éxito.
> *Swami Srivananda*

La gloria es un veneno que hay que tomar en pequeñas dosis.
> *Honorato de Balzac*, *novelista francés*

El éxito podría consistir en hacer las cosas comunes de la vida, descomunalmente bien.
> *Esteban Crane*, *escritor norteamericano*

La risa es una manifestación de triunfo.
> *Henry Bergson*, *filósofo francés*

La fortuna es como la policía, siempre llega tarde.
> *Amado Nervo*, *poeta mexicano*

Si todo en la vida fuera felicidad, no tendríamos la capacidad de darle su justo valor a las cosas. Por eso es mejor un camino lleno de piedras, aunque en el momento sea dificil saltarlas.
> *María Elena Saldaña*, *actriz mexicana*

Yo lo veo así: si quieres el arcoiris, tienes que soportar la lluvia.
>*Dolly Parton*, cantante estadounidense

Cuando vayan mal las cosas, como a veces suelen ir. Cuando sólo en tu camino, haya cuestas que subir. Descansar acaso debes, pero nunca desistir.
>*Rudyard Kipling*, novelista y poeta inglés

Dadme un hombre que cante mientras trabaja y les daré a un triunfador.
>*Thomas Carlyle*

Piensa en grande, pero disfruta de los pequeños placeres.
>*Jackson Brown Jr.*, abolicionista estadounidense

Jamás habría tenido éxito en la vida si no fuera porque le puse a la cosa más pequeña la misma atención y cuidado que a la más importante.
>*Charles Dickens*, escritor británico

Soy una triunfadora porque siempre he hecho las cosas que he querido. Por desgracia, las mujeres hacen lo que quieren los demás, empezando por hacer lo que quiere su papá.
>*Silvia Hernández*, política mexicana

Éxito, fama y fortuna

Cuando te caigas del caballo hay que levantarse, sacudirse y volverse a subir, por muy dura que sea la caída.

El abuelo de **Soraya Jiménez**, *medallista olímpica*

Un secreto del éxito puede ser dirigirse al corazón más que al oído, porque todo el mundo tiene corazón y no todo el mundo tiene oído.

Marcel Achard, *pensador francés*

Mucha gente cree que para triunfar basta con levantarse temprano. No, es necesario también hacerlo de buen humor.

Point de Vue, *Images du Monde*

Con el dinero pasa lo mismo que con el papel higiénico: cuando se necesita, se necesita urgentemente.

Upton Sinclair, *novelista estadounidense*

La adversidad hace que algunos se quiebren y otros rompan récord.

William A. Ward

"Al que tiene, le será dado". La fortuna es como la gallina: pone el segundo huevo donde puso el primero.

Friedrich Hebbel, *dramaturgo alemán*

Lo que tenga que ser mío, a mis manos llegará.
José Saramago, premio Nobel de literatura

Dispara a la luna; aun si yerras el tiro dará en las estrellas. *Les Brown*

Sólo existe un éxito; el poder gastar tu vida a tu manera.

Christopher Morley

Sería muy malo no tener sueños, sobre todo si son alcanzables.

Michel, futbolista español

Dinero: papelito sucio pero bonito.
José Ignacio Solórzano, JIS, caricaturista mexicano

Desconozco la llave del éxito, pero la llave del fracaso es tratar de darle por su lado a todos.
Bill Cosby, comediante estadounidense

Soy un ser a la que le han puesto alas en sus hombros, porque me han dado la oportunidad de trabajar en lo que verdaderamente amo, lo que verdaderamente me divierte. Entonces, el trabajo pierde toda esa concepción cristiana de que es una maldición, y para mí es un goce.
Margo Su, productora de teatro

Éxito, fama y fortuna

He cambiado mucho, pero estoy muy satisfecha de eso, pues la gente que no evoluciona, no vive.

María Félix, actriz mexicana

El éxito para mí, sería que mi mujer trabaje para poder retirarme y hacer terapia de sofá, que es lo que realmente me gusta hacer.

Antonio Banderas, actor español

Eileen Abad. Fotografía: Mi Guía Editorial, S.A. de C.V. (Alejandro Pasos)

Felicidad

El que sea una mujer feliz se debe a que además de ser una hija profundamente deseada por mis padres, fui muy querida y atendida por ellos. Y luego me dieron un par de hermanos maravillosos. No sé, igual y son sólo ideas mías, pero siento que esa gracia que Dios nos dio a las venezolanas para decir "Mi amor" nos da la capacidad para hacer un poquito feliz a la gente. Sobre todo a los hombres.

Yo digo "Mi amor", y ese rostro se ilumina, me muestra su sonrisa franca, alegre. Tengo la sensación de que ese hombre que me acaba de sonreír y me dio un beso en la mejilla, se va con ganas de ser bueno con sus padres, hermanos, hijos, ¡con todos sus semejantes!

Antes de dormir, me sienta de maravilla leer un poco la Biblia. Me hace dormir tranquila, abrazada a mi ángel de la guarda, que es tan bello y huele tan rico.

Por la mañana, me levanto, abro la ventana, respiro el aire fresco, la vida, ¡el día de inmensa felicidad que me espera! Miro a mi mamá, a mi papá, a mis hermanos y siento que Dios que es el que maneja los hilos de mi cuerpo, tanto como el motor de mi corazón y la luz de mi alma, me impone la misión de ser feliz y contagiar esa felicidad a mis semejantes: sonriendo, saludando, haciendo mi trabajo lo mejor que puedo.

Eileen Abad, actriz venezolana

Creo que uno de los pensamientos más corruptos de la historia es la idea actual de la felicidad. En eso estoy de acuerdo con un poeta que al hablar de la felicidad dice:

"Hace calor
estoy en el campo
hoy bajo la sombra de un árbol
tomo una jarra de agua fresca."

¡Eso es la felicidad, seguro que sí! El concepto de felicidad es un poco cinematográfico y falso. Es un absurdo creer que vas a ganar mucho dinero y vas a ser feliz. Tampoco creo en ese concepto pesimista de que la vida nos maltrata. Sí, claro, la vida me maltrata, ¡pero me lo da todo al mismo tiempo!

No hay una vida completamente desdichada de principio a fin. ¡Mentira! Incluso el que está en la cárcel, muchas veces se asoma detrás de las rejas y mira un jardín, y el que está enfermo y no puedo caminar cuando menos tiene la esperanza de hacerlo algún día.

Jaime Sabines, poeta mexicano

Felicidad

Hay quien depende demasiado de la idea de ser feliz. Son más importantes los malos momentos, ya que son como una patada en el culo, que te obliga a reaccionar. Todo estriba en comprender la vida más que en encontrar la felicidad, que no es ningún lugar sino una manera de viajar.

Brad Pitt, actor estadounidense

El día más inútil es aquel en el que no se ha reído.

Nicolás-Sébastien Roch Chamfort, pensador francés

... en la locura de su cuerpo,
en la pureza de su mirada,
en sus hermosas palabras,
yo encuentro lo que los modernos
llaman placer
queriendo decir felicidad.

Héctor Manjarrez, poeta mexicano

La risa no obedece a un impulso directo y civilizado, sino que sale del cuerpo, del alma.

Luisa Josefina Hernández, en La cólera secreta

Tengo que confesar avergonzado que he sido feliz, pero que no supe usar la felicidad, porque me incomodaba como a un proletario el frac.

Renato Leduc, periodista mexicano

Miguel Serratos González

Parecía muy inocente, como cualquier hombre feliz
> *Patrick Suskind*, escritor alemán, en El Perfume

Yo me labré mi felicidad, no esperé a que nadie me la hiciera. El amor no es la felicidad, es una parte de la vida. La felicidad eres tú, cuando estás lleno de salud.
> *Chavela Vargas*, cantante mexicana

Un segundo de felicidad es suficiente para satisfacer las agonías, las monotonías, las angustias, las desesperaciones, los celos, la soledad y el abandono.
> *Jorge Luis Borges*, escritor argentino

Parte de la felicidad es estar tranquilo con lo que se posee.
> *Lolita Ayala*, conductora de noticias

Creo que la única felicidad auténtica, real, que existe en la vida es la de amar, la que proporciona poder hacer bien el amor, entregándose enteramente a quien se ama y recibiendo lo mismo simultáneamente, porque en el verdadero amor se da y se recibe; es el intercambio de deseos iguales.
> *Elías Nandino*, poeta mexicano

Felicidad

A mí no me gusta hablar de felicidad, sino de armonía: vivir en armonía con nuestra propia conciencia, con la persona que se quiere, con los amigos. La armonía es compatible con la indignación y la lucha; la felicidad no, la felicidad es egoísta. Uno está feliz y, por lo tanto, en principio, no quiere que nadie le quite ni una parcela mínima de esa felicidad.

José Saramago, premio Nobel de Literatura

No se olviden nunca de reír. Porque para sufrir siempre habrá mucho tiempo.

Mario Moreno, **Cantinflas**, *cómico mexicano*

Las personas felices nunca son malas!

Proverbio holandés

La felicidad es un insulto, y uno necesita hacerse el triste para que no te odien demasiado.

Joaquín Sabina, cantautor español

Cuando ríes niña y cantas
la vida es una muñeca
de trenzas largas... muy largas.

Roberto López Moreno, poeta mexicano

La felicidad es un momento que no perdura.

Paquita la del Barrio, cantante mexicana

Miguel Serratos González

El bien es la permanencia de la alegría, es el momento en que la alegría se afirma y se expande, en que la alegría no cobra su precio en sufrimiento de otros sino, al contrario, se extiende en la alegría de los demás.

Fernando Savater, filósofo español.

Ser feliz porque toco
tu rodilla
y es como si tocara
la piel azul del cielo
y su frescura.

Pablo Neruda, poeta chileno

¿Y la felicidad, cuándo llega?
No preguntéis a la dicha cómo se llama,
ni de dónde viene.
¡Paradla sin hacer ruido...
como dormida... como escondiéndola!
Es una bella y pudorosa incógnita.
Guardad la dicha sin querer interrogarla.
Es muy blanco el cisne que nos la trae:
muy negro el que se la lleva.

Manuel Gutiérrez Nájera, poeta mexicano

El corazón alegre es capaz de caminar todo el día.

William Shakespeare, dramaturgo inglés

Felicidad

La felicidad es un término escurridizo. Hay gente que se pasa la vida buscándola y nunca la encuentra. Yo creo que no existe como tal. En todo caso hay sustitutos para ella. Ya sabes, aceptar lo que tienes sin sentir deseos de acceder a algo más. No se trata de ambición, sino de estabilidad.
Al Pacino, actor estadounidense

La felicidad es una cosa que te cae como el azafrán, a poquitos. Lo que vale la pena es aprovecharlo cuando cae y pienso que, aparte de unos cuantos momentos de grandes felicidades, lo que hay normalmente es un pequeño bienestar en el que uno puede conseguir que la vida sea de alguna manera amable.
Joan Manuel Serrat, cantautor español

Los momentos de tristeza nos ayudan a arañar los momentos de felicidad y hacerlos nuestros.
Ricardo Arjona, cantautor guatemalteco

La felicidad no tiene recetas; cada quien la cocina con el sazón de su propia meditación.
Anónimo

La felicidad rejuvenece y la tristeza envejece.
Proverbio latino

La gente feliz no ataca, la gente enamorada no hace la guerra.
Isela Vega, actriz mexicana

Hay suficiente dolor en todas partes como para alimentarnos; es la alegría lo que escasea.
Erica Jong, poeta estadounidense

La risa no es un desahogo, sino la expresión más pura de una energía capaz de transformar al mundo.
Alejandro García, Virulo, cantautor cubano

El que hace reír a sus compañeros merece el paraíso.
Mahoma, profeta del Islam

¡Échale un quinto al piano y que siga el vacilón!
Canción popular mexicana

No te resistas a la felicidad que prometen los labios y el cuerpo de una Escorpión. Aunque te parezcan más guapas y seductoras las Tauro y las Libra.
Dario T. Pie, actor mexicano

La alegría no se vende, se reparte, se regala.
Gloria Jiménez, poeta costarricense

Felicidad

Creo que la felicidad se logra haciendo lo que uno quiere hacer, sin trabas; venciendo todos los problemas. Es muy difícil tener alguna fórmula... la felicidad se va logrando día a día.
Margie Bermejo, cantante mexicana

Si no disfrutas lo que tienes, ¿cómo podrías ser más feliz con más?
Proverbio tibetano

Yo me río,
porque la risa es salud:
lanza de mi poderío,
corazón de mi virtud.
Nicolás Guillén, poeta cubano

Soy un tipo con suerte: no puedo imaginarme siendo más feliz de lo que soy ahora. Y si no soy feliz, es por mi maldita culpa.
Harrison Ford, actor estadounidense

Andrés García. Fotografía: Mi Guía Editorial, S.A. de C.V.
(Alejandro Pasos)

Hombres

Pienso que tengo éxito con las mujeres porque siempre se ríen conmigo. La pasan bien a mi lado, les hago olvidar sus problemas. Un camino directo: de la sonrisa al amor. Me gustaría a veces poder ser más sutil, más delicado en mi trato con las mujeres. ¡Quizá a ellas les guste como soy!, pero hay algunas a las que les choca un poco mi franqueza, pero a veces no tengo tiempo para andar con delicadezas.

Es probable que a causa de haber tenido muchas mujeres sea tan haragán para hacer el amor. A mí me gustan todas las mujeres, como ya estoy más viejo, las jovencitas como que me pasan "energía". Pero no desprecio para nada a las mujeres de cuarenta años o más.

A mi manera de ver, esa teoría de que el hombre que tiene muchas mujeres es inestable fue inventada por un "feo", como una forma de justificar su incapacidad para conseguir más mujeres. Yo, por el contrario, considero que hay que ser mucho muy estable, para poder tener muchas mujeres.

Tengo 57 años, ¡qué tampoco son tantos!

Dicen que los toreros se conservan en buena forma por los sustos que les dan los toros; en mi caso, creo que me conservo bien, a causa de los sustos que me han pegado las mujeres.

Andrés García, actor mexicano

El hombre es un sol;
y los sentidos, sus planetas.

Novalis, poeta alemán

Los hombres no hubieran sabido hacer nada si las mujeres no se hubieran quedado a sostener la casa. Y los hombres salen y hacen porque saben que la casa estará ahí cuando ellos vuelvan.

Gabriel García Márquez, escritor colombiano

El hombre promedio siempre estará más interesado en una mujer que se interese en él, que en una mujer con piernas bonitas.

Marlene Dietrich, actriz alemana

Los hombres estamos llenos de cualidades femeninas. El mejor jefe de Estado no es el que se siente muy hombre, sino el que tiene cualidades paternales que más bien son maternales.

Juan José Arreola, escritor mexicano

Hombres

Hombres necios que acusáis a la mujer sin razón,
sin ver que sois la ocasión de lo mismo que culpáis.
Sor Juana Inés de la Cruz, poetisa mexicana

Los hombres podemos ser felices por un instante, pero no importa la brevedad: un instante puede ser una ventana hacia la eternidad.
Octavio Paz, poeta mexicano

El hombre no es la suma de lo que tiene, sino la totalidad de lo que aún no tiene, de lo que puede llegar a tener.
Jean Paul Sartre, filósofo francés

Cuando un hombre está loco por una mujer, sólo ella puede curarle de su locura.
Proverbio chino

Nunca he odiado a un hombre lo suficiente para devolverle sus diamantes.
Zsa Zsa Gabor, actriz estadounidense

Los hombres son como el alcohol: si lo tomas demasiado rápido, tienes que dejar de beber y no volver a probar una sola gota.
Ofelia Medina, actriz mexicana

Un hombre sin dinero es como un lobo sin dientes.
Proverbio francés

Es un error creer que los hombres que te gustan sirven para todo, y los que no te gustan no sirven para nada.

Lord Halifax, político inglés

Los hombres son unos hermosos animales; sin embargo, ¡no podría vivir sin ellos!

Jacqueline Andere, actriz mexicana

Un hombre perverso, no es más que un pobre ingenuo, que quiere hacerse el interesante.

Fernando Savater, filósofo español

Los hombres son enérgicos y representan la fuerza moral que infunde confianza en nosotras, no se pierden en detalles inútiles ni en tergiversaciones, pues cuando adoptan una resolución, lo hacen sin vacilar, y aunque la decisión sea prematura, para ellos es la mejor. Su seguridad, justificada o no, es una excelente ayuda para la mujer, más intuitiva, pero menos realista.

Sara Montiel, actriz y cantante española

El hombre es un animal bípedo sin plumas.

Platón, filósofo griego

Hombres

Ser macho significa someter a la mujer, sujetarla y humillarla. Los hombres debemos ser muy respetuosos de la humanidad y la personalidad de la mujer.

Carlos Fuentes, escritor mexicano

El hombre es un ser que se inclina ante el talento, se arrodilla ante la belleza y se sienta en cuanto encuentra un sitio libre.

Anónimo

Sólo me gustan dos tipos de hombres: mis compatriotas y los extranjeros.

Mae West, actriz estadounidense

No puede culparse al hombre más que al castor por tener instinto sexual.

Lin Yutang, pensador chino contemporáneo

El verdadero hombre quiere dos cosas: el peligro y el juego. Por eso quiere a la mujer: el juguete más peligroso.

Friedrich Nietzsche, filósofo alemán

Cuando un hombre en la cocina no te ayuda en el quehacer, en la cama es egoísta y sólo busca su placer.

Refrán popular

Miguel Serratos González

No me preocupa vivir en un mundo de hombres, mientras yo pueda vivir como una mujer.

Marilyn Monroe, actriz estadounidense

Me gusta provocar a los hombres, tenerlos atrapados, comprobar que, pertenecen a lo que llamáis el sexo débil, mi belleza es más fuerte y puedo ganarles todas las partidas.

Ella Borissona, modelo europea

Un hombre mexicano es siempre generoso. Tiene una generosidad que no hay palabras para describir. Los mexicanos son capaces de vender su casa, de venderlo todo con tal de dárselo a uno; pero cuando son celosos son capaces de encerrarte en un cuarto con doble llave y siete candados y ¡olvídate de que existes!

María Félix, actriz mexicana

No sé ni por qué me encantan las hembras y las rosas.

Ramón López Velarde, poeta mexicano

En la sociedad civilizada un hombre sin corazón es tan intolerable como una mujer estúpida y privada de inteligencia.

Smiles

Hombres

Ser un hombre útil siempre me ha horrorizado.
Charles Baudelaire, poeta francés

Si un hombre te engaña una vez, es una vergüenza para él. Si te engaña dos veces, es una vergüenza para ti.

Ellenberg

Cuando se oprime a los hombres, es una tragedia. Cuando se oprime a las mujeres, es una tradición.

Bernadette Mosala

El defecto mayor de los hombres es que no poseen ninguna sutileza, pues sus reacciones se basan en los hechos. En ese sentido, nuestra vacilación ante algunos problemas es a menudo benéfica, pues al pesar los pros y contras tenemos un mayor número de posibilidades de nuestro lado. Los hombres se precipitan con la cabeza y la mayoría de las veces se equivocan. Una mujer, en cambio, saldrá triunfante solamente por instinto de una situación por difícil que sea.

Marga López, actriz mexicana

El hombre: ese adorado enemigo.
Sidonia Gabriela, Colette, novelista francesa

Nadie es tan vano como un hombre. También es más egoísta: cuando una mujer cocina, lo hace para un hombre; cuando un hombre cocina, lo hace para él mismo. Es tan vano que se casa por vanidad, con una mujer hermosa, tan sólo para que la gente diga: "Ahí va la mujer de fulano, ¿no es una belleza?" El hombre es más presumido que la mujer: hace cosas increíbles para impresionar a sus amigos con su valor, su riqueza, su sentido del humor. Si le dices a un hombre que su mujer es fea, es capaz de matarte por insultar su sentido de la estética.
Alex Cardini, restaurantero italiano

Los hombres no son buenos ni malos... nacen con instintos y habilidades.
Honorato de Balzac, novelista francés

El hombre es animal de soledades.
Rosario Castellanos, poeta mexicana

Cualquier hombre es solamente tan bueno como lo que ama.
Saul Bellow, escritor estadounidense

Dicen que el hombre no es hombre mientras no oye su nombre en labios de una mujer.
Antonio Machado, poeta español

Hombres

¿Me estás oyendo inútil?
Paquita la del Barrio, cantante mexicana

El hombre necesita de una mamá eterna que le tenga los calzones lavados, las camisas planchadas y la comida servida.
Salvador Pineda, actor mexicano

Los hombres son como las nubes: cuando se van hace un día buenísimo.
José Coronado, actor español

No hay más que dos clases de hombres: unos, justos, que se creen perdedores; otros, pecadores, que se creen justos.
Blas Pascal, físico y filósofo francés

José Ángel Llamas. Fotografía: Mi Guía Editorial, S.A. de C.V. (Alejandro Pasos)

Matrimonio

No obstante, que siendo novios, recibí enormes pruebas de amor de Gaby; la más significativa, fue cuando sin trayectoria como actor, me ofrecen el estelar de la telenovela *Nada Personal*, me dijo: "Es tu sueño, ésta es tu oportunidad de cristalizarlo; acéptalo, yo te apoyo y vamos juntos". ¿Cómo no alegrarme de ir en el mismo barco con una mujer tan solidaria y amorosa?

Dicen que el dar con la mujer ideal para compartir tu vida, es una suerte, ¡yo lo siento como un milagro!, ya que tantas mujeres pasan ante los ojos que sea una la que nos robase el corazón. El haber convivido con Gaby un tiempo antes de firmar el papel, ha sido básico y positivo para los dos. Es como ir tejiendo una manta entre ambos, jalándole por aquí y por allá, eligiendo los colores que más nos gustan, y al final taparnos con ella, ¡con enormes probabilidades de hacer un hijo hermoso!

La primera gran aportación del nuevo ciudadano Rafael Llamas, es que a partir de su arribo, su bigotón padre se vuelve más juicioso y conciente de lo que hace. Ya no me quedo en el reventón, no me tomo ni una copa de más, no me paso un alto. Claro de que también son una gran motivación para materializar los sueños y las ilusiones por partida doble.

José Ángel Llamas, actor mexicano

Matrimonio: forma ineficiente de organización del amor, pero seguimos de necios.

José Ignacio Solórzano (JIS), caricaturista

El matrimonio es como los columpios, porque casi siempre empieza siendo diversión y casi siempre acaba produciendo náuseas.

Enrique Jardiel Poncela, escritor español

El matrimonio es un molino prehistórico en que dos piedras se muelen a sí mismas.

Juan José Arreola, escritor mexicano

Claro que puede haber matrimonio sin amor, al igual que sin sexo, pero ¿a quién puede gustarle?

Isela Vega, actriz mexicana

El matrimonio es la más dura clase de amistad.

Dustin Hoffman, actor estadounidense

Matrimonio

¡Qué extraño pensar que una pareja que se ama a lo largo de todas las evoluciones de la vida y del amor está formada por héroes!
Laura Bloch, periodista española

Los maridos son como el fuego, se apagan si no se les atiende.
Zsa Zsa Gabor, actriz estadounidense

La causa de la mujer es la del hombre: los dos se levantan o sucumben juntos.
Lord Alfred Tennyson, poeta inglés

El matrimonio no es sólo besos y abrazos. También significa compartir el trabajo y acordarse de sacar la basura.
Joyce Brothers

Idealmente, las parejas necesitan tres vidas. Una para él, una para ella y una para el conjunto.
Jacqueline Bisset, actriz estadounidense

El hogar es el templo de la familia.
Jules Simón

El amor es el mejor padrino del matrimonio, y la estimación recíproca su más fiel amigo.
Mantegazza

Es un acto de la Providencia, una felicidad total el encontrar a la persona con la cual tiene uno un cabal entendimiento. ¿Cómo explicarle? Son dos que sueñan el mismo sueño sobre la misma almohada.

Luis Cardoza y Aragón, escritor guatemalteco

El amor en la pareja es un milagro que se reproduce a diario. Y quien se sienta obligada a esforzarse por el buen funcionamiento de la pareja no merece amar.

Bernard-Henry Lévy

No la ausencia de amor, sino la ausencia de amistad es lo que hace a las parejas desgraciadas.

Friedrich Nietzche, filósofo alemán

Los hombres y las mujeres estamos condenados a entendernos.

Bibí Andersen, actriz española

Cuando vives con alguien y se va de viaje, ese primer momento de soledad es un paraíso, te tumbas en el sofá, bebes cerveza, ves el fútbol, pero a los dos días ya estás deseando que esa mujer regrese inmediatamente.

Hugh Grant, actor inglés

Matrimonio

Casarse o permanecer solteros asemeja tomar el camión. A veces uno sube por no esperar y por acercarnos a nuestro destino. O preferimos vagar un poco, una que otra compañía, atentos al último de la noche. O, simplemente, nos gustan más los taxis.

Genaro Huacal, poeta mexicano

¡Ay de la mujer que cae bajo la tutela legal de un hombre! Entrega su intimidad bajo firma y contrato, y pierde sus derechos de protesta. Nadie la podrá librar de su dictadura.

Juan José Arreola, escritor mexicano

El matrimonio en México es una prisión permanente.

Josefina, habitante de la ciudad de México

El amor, cuando se te da bajo las condiciones y situaciones que implica el matrimonio, te obliga, además de perdonar, a perdonarte continuamente. Pienso que el entendimiento de todo buen matrimonio se debe ver reflejado en la comprensión, antes que nada.

Jaime Sabines, poeta mexicano

El matrimonio es un plato cubierto.

Proverbio suizo

No importa cuán felizmente casada esté una mujer, siempre le complacerá descubrir que existe algún hombre agradable que desea que no lo estuviera.

H.L. Mencken

En mi vida feliz, no hubo cosa
de cristal, terracota o madera,
que abrazada por mí, no tuviera
movimientos humanos de esposa.

Ramón López Velarde, poeta mexicano

Creí que el matrimonio era la libertad. Era decir: bueno, pues me tomaré una Coca-Cola cuando quiera, nadie me chillará porque deje las puertas de los armarios abiertas, tendré mi cuarto propio, entraré y saldré a la hora que quiera sin que nadie me pregunte dónde he estado. Era una inconsciente por creer todo eso, porque luego me caso y me doy cuenta de que no tengo mi cuarto, ni libertad, ni nada de nada. Me casé y fue muy aburrido.

Carmen Maura, actriz española

El matrimonio que resulta de las mutuas simpatías es bastante bueno; de otro modo, es peligro.

Plutarco, historiador griego

Matrimonio

Desde un punto de vista intelectual, sabemos que el matrimonio es estúpido, pero somos románticos y *fresas*, a pesar de ser conscientes. Vivimos juntos antes de casarnos, pero aún estamos unidos a otras personas por un pedazo de papel. Un día nos entregaron nuestras sentencias de divorcio; nos dijeron que éramos libres y la liberación fue una carga que ignorábamos estar soportando. El hecho es que deseamos unirnos en todas las formas posibles, tenemos nuevos papeles, y si debemos someternos a ceremonias nuevas, así lo haremos; cuando obtuvimos la nueva acta matrimonial nos emocionamos mucho. Yoko lloró.

John Lennon, cantante inglés

Me encanta pasar la aspiradora y cocinar. Prefiero hacer por mí mismo aquellas cosas con las que sé que luego voy a disfrutar y, por supuesto, entre ellas destacan la comida y la limpieza de la casa.

Michael Jordan, basquetbolista

Las mujeres se casan con nosotros por como somos, pero luego nos quieren cambiar. Nosotros nos casamos con ellas por como son, pero luego cambian.

Anónimo

El tipo que pospone el matrimonio hasta que pueda mantener a una esposa no está muy enamorado.

Kin Hubbard

El matrimonio no es asunto de si haya o no haya luna. Es cosa de quererse. Habiendo esto, todo lo demás sale sobrando.
Juan Rulfo, *escritor mexicano en su novela* Pedro Páramo

Ninguno quiere
que yo te vea,
que yo te hable,
que yo te diga que estoy
muriéndome por casarme.

Rafael Alberti, *poeta español*

En el matrimonio hay muchos dolores, pero en el celibato no hay placeres.

Samuel Johnson, *crítico y ensayista inglés*

No es la belleza la que une los corazones de los esposos, sino la virtud.

Eurípides, *poeta griego*

Si sólo besos fueran los deleites en la cama, una mujer se casaría con otra.

William Shakespeare, *escritor inglés*

Matrimonio

El matrimonio te cambia para bien. Es bueno saber que dependes de alguien y que otra persona te necesita. Llegar a compartir tu vida, tu lugar, tus gustos, son sentimientos muy fuertes.

David Duchovny, actor estadounidense

Extrañas cosas le ocurren a la gente después de firmar esos papeles que el Estado exige. Ya no son libres: tal parece que quedaran engranados con eso del "Mía para siempre". Es aterrador. Me gustaría, si no abolir el matrimonio, por lo menos cambiar los votos de modo que dijeran: "Hasta que la falta de amor nos separe". Es un error eso de prometerle tu vida a alguien. El amor debería ser un don, no una obligación. Hacer el amor con alguien, la mejor de las cosas, la más sublime.

Mia Farrow, en la película El Graduado

No son cadenas lo que mantiene unido a un matrimonio. Son hebras, hebras finísimas, las que unen cosiendo a las personas a través de los años. Eso es lo que hace que un matrimonio perdure (más que la pasión o el sexo). Son las hebras, pero esas hebras no deben nunca volverse cadenas.

Simone Signoret, actriz francesa

Las palabras que brotan de los corazones unidos son olorosos como perfume.
Confucio, filósofo chino

Me dio tanto frío, que estuve a punto de casarme.
Shelly Winter, actriz estadounidense

He aquí el matrimonio el mar abierto para el que aún no se inventa una brújula.
Henrich Heine, poeta alemán

¿Crees que tu madre y yo habríamos vivido tan a gusto y por tanto tiempo juntos si hubiéramos estado casados?
John Gay, poeta inglés

Cualquiera que se case por segunda vez no merece haberse librado de su primera esposa.
Groucho Marx, humorista estadounidense

Supe perdonar a la mujer adúltera: mi piedra no le acertó.
Roberto Fontanarrosa, cartonista argentino

Resulta fácil reconocer a las mujeres que confían en sus esposos. Se ven desdichadas de pies a cabeza.
Oscar Wilde, escritor inglés

Matrimonio

Caminando a tu lado
por la acera o por el sendero azul,
puedo decir que soy feliz en los días de sol
y en los días nublados.

Horacio Salazar Ortiz, poeta mexicano

El matrimonio es un error de la juventud, uno que todos deberíamos cometer.

Don Herold

Casarse con una mujer o un hombre por su belleza es como comprar una casa por su capa de pintura.

Proverbio estadounidense

El día que te casas, o te curas o te matas.

Refrán popular

Silvia Navarro. Fotografía: Mi Guía Editorial, S.A. de C.V.
(Alejandro Pasos)

Mujeres

Creo en la mujer, no sólo por ser una de ellas, sino porque me ha tocado ver ejemplos maravillosos entre las mexicanas. Cuando grababa *La calle de las novias*, veía cómo mujeres de todas las edades abrían sus comercios o se instalaban en la calle para salir adelante a través de su trabajo.

Desde los seis años me tocó estar al cuidado de mi papá. Me atendía en todo con gran amor, lo que viene a demostrar que un hombre bueno puede formar a una buena mujer. Por eso le digo: "Papito, te quiero con todo mi corazón, no sólo por haberme dado la vida, sino por haberme sacado adelante solito. Me enseñaste a ser una mujer honesta y trabajadora; cada grano de energía que le imprimo a lo que hago, es la manera de justificar el ser tu hija; si me estoy realizando, si florezco en un mejor ser humano, es porque vengo de una buena raíz".

Las verdaderas mujeres son aquellas que se realizan gracias a su esfuerzo, no a expensas de su pareja. Si llegan al matrimonio con logros importantes, tienen más oportunidad de ser y

hacer feliz, dentro de una relación de pareja. Lo más preciado que tenemos las mujeres es la libertad para decidir cómo conducir nuestra vida.
Silvia Navarro, actriz mexicana.

Las mujeres son los objetos más bonitos del mundo.
Javier Mariscal, diseñador gráfico español

No le tengo miedo a la muerte, porque es una mujer.
Emilio, Indio, *Fernández*, director de cine

Cuando me he portado mal, me ha ido mejor. Y cuando he sido dulce y tierno, me han hecho picadillo o me han abandonado horriblemente. Y yo preferiría el asesinato, que la mujer me suprimiera del mundo, pero que no me suprimiera de su alma y de su amor.
Juan José Arreola, escritor mexicano.

Una mujer feliz suele ser mejor para todo, mejor desde la cocina hasta la cama. Una mujer realizada es lo mejor que puede pedir un hombre.
Ricardo Arjona, cantautor guatemalteco

La mujer es una fiera, una carne, un abrazo.
Césare Pavese, escritor italiano, en La Selva

Mujeres

Cuando la mujer ha perdonado a un hombre no debe recalentar sus pecados en el desayuno.
Marlene Dietrich, actriz alemana

Una mujer insatisfecha debe tener lujos. Pero si una mujer ama a un hombre, es capaz de dormir sobre una tabla.
David Herbert Lawrence, escritor inglés

... veo arriba el misterio de un único cometa y adoro en la mujer el misterio encarnado.
Ramón López Velarde, poeta mexicano

Un tonto le dice a una mujer que se calle, un hombre inteligente le dirá que tiene la boca más bella del mundo cuando se juntan sus labios.
Edim Phillpotts

Una mujer hermosa agrada la vista, una mujer buena, al corazón; la primera es una joya, la segunda, un tesoro.
Napoleón Bonaparte, emperador francés

Las mujeres tratan a los hombres exactamente del mismo modo que la humanidad trata a sus Dioses. Los adoran, pero siempre están pidiéndoles algo.

Oscar Wilde, escritor inglés

Una vagina y un poco de inteligencia, es una combinación mortífera.

Sharon Stone, actriz

Después de Dios, le debemos todo a la mujer; primero, porque nos trae a la vida; luego, porque hace que la apreciemos mejor.

Bovee

De todas las pasiones violentas, la que menos mal sienta a las mujeres, es el amor.

Juan Jacobo Rousseau, escritor francés

Es perfecto si una mujer con futuro evita a un hombre con demasiado pasado.

Mae West, actriz estadounidense

Dejemos a las mujeres bonitas para los hombres que carecen de imaginación.

Marcel Proust, escritor francés

Una mujer soñada encarna siempre en una forma amada.

Octavio Paz, poeta mexicano

Si las mujeres no existieran, todo el dinero en el mundo carecería de significado.

Aristóteles Onassis, magnate griego

Mujeres

La mujer que amé se ha convertido en fantasma. Yo soy el lugar de sus apariciones.
Juan José Arreola, escritor mexicano

Una mujer debe, al menos, ser capaz de coquetear con suficiente tino para que su marido lo note. De otra forma no tiene importancia.
Karl Krause, pensador alemán

Sigue mujer, al hombre que te quiere.
Jesús V. Esquivias, poeta mexicano

Las mujeres a la cocina y los hombres, si son listos, a comer.
Alfonso Arau, director de cine

Tienen más tipo de fauna que de flora.
John Steinbeck, novelista norteamericano

La mujer es el cuerpo de los cuerpos, no por sus atributos físicos, sino porque es lo tomable, lo agarrable, de lo que nacimos.
Juan José Gurrola, director de teatro mexicano

Hoy una mujer te ha dicho: "No". Quizá mañana te dirá: "Sí". Entre estas dos palabras hay ese: "Puede ser", que es lo mejor del amor.
Mucharrif ed-Din Saadi, poeta persa

Las mujeres que se enferman de sus órganos sexuales o les da cáncer en los senos, no es tanto porque les haya atacado un virus, como por haberse dejado avasallar en su feminidad por algún hombre.

Silvia Pardo, pintora mexicana

Mujer hecha de miel
y rosas en botón,
mujer encantadora
señora Tentación.

Agustín Lara, Señora Tentación

Si amamos a una mujer, no amamos la precisión geométrica de sus rasgos, sino más bien sus gestos y sus movimientos, su apariencia y su sonrisa.

Lin Yutang, pensador chino contemporáneo

Por un beso de tu boca, ¡oh deliciosa mujer!, a tus pies gustoso pondría, arrancados con mis manos, los tesoros que encierran mi alma.

Chevki Bey, cancionero turco

La mayoría de los hombres se dejan embaucar por las mujeres. Venden un paquete vistosamente envuelto sin que el cliente sepa que contiene.

Groucho Marx, humorista estadounidense

Mujeres

Les gusta sabernos enamorados de ellas. A todas las mujeres les gusta. No pueden resistirse a la sensación de poderío que les produce conocer el amor de un hombre.

Mempo Giardinelli, escritor argentino

En este mundo, lo único mejor que una mujer... ¡son dos mujeres!

Armando Manzanero, cantautor mexicano

La mujer querida es la que alegra y hace vivir todo en derredor nuestro.

Ignacio M. Altamirano, escritor mexicano

El cuerpo de una mujer invita al hombre a los círculos inferiores del infierno.

Yapunari Kawabata, escritor japonés

Celebrar el día de la mujer trabajadora es tan ridículo como celebrar el día del chino amarillo.

Elena Ochoa, locutora

Comadre, cuando me muera haga de mi barro un jarro. Si tiene sed de mí, beba.

Copla popular

Las mujeres son un regalo para los sentidos.

Gustavo Sainz, en su novela Compadre Lobo

Cuando una mujer se ríe contigo es que ya está medio enamorada. Por eso intento hacerlas reír.
Gérard Depardieu, actor francés

Mis mujeres están mucho más enraizadas en la realidad. Tienen los pies bien plantados; son sólidas, pacientes, constantes. Los hombres son criaturas quiméricas, capaces de acciones locas y grandiosas, pero incapaces de la paciencia y la constancia. Débiles en la adversidad, buscando el apoyo de la mujer que en la adversidad será firme como las rocas.
Gabriel García Márquez, escritor colombiano

Los cisnes me parecen mujeres hermosas y elegantes.
Truman Capote, escritor estadounidense

La mujer no tiene derecho a valer más que un hombre, pero sí tanto como un hombre.
La Beba Galván, *personificada por* **Víctor Trujillo**

Una mujer es capaz de perdonar un día sin gasto; jamás un día sin caricias.
Elvira María Bermúdez, escritora mexicana

Las mujeres somos animales tremendamente poderosos.   *Elena Ochoa*, locutora

Mujeres

Ay, eres mala y traicionera
tienes corazón de piedra.
> *Gonzalo Curiel*, compositor mexicano

Las mujeres son una presencia blanda y envolvente. A veces te envuelve por completo. Y entonces ya no puedes volver a salir, como no sea para algo importante, como el cumpleaños de su madre, por ejemplo.
> *Woody Allen*, director de cine estadounidense

La mujer es una fuerza, una potencia, tienen una originalidad que ha escapado a los hombres durante siglos. De otra manera, ¿cómo explicarse que hayan logrado sobrevivir? La mujer es más fuerte que el hombre. La mujer ha sido humillada y ha salido adelante porque tiene una sicología especial. Ciertamente su originalidad la ha salvado.
> *Emil Michel Cioran*, escritor rumano

La mujer es como un helado: cuando se toma con mucho calor hace daño.
> *Carlos Arniches*, costumbrista teatral español

La mujer que amamos y que nos ama, es siempre incomprensible.
> *Jacques Chardonne*, escritor francés

Es terriblemente más difícil lograr algo en la vida siendo mujer. Es muy doloroso darme cuenta a los 50 años, de que el regular éxito que he alcanzado me habría resultado relativamente más sencillo lograrlo de haber sido hombre. Esto, nada más porque las mujeres, además de estar obligadas a hacer muchas cosas para las cuales no nos prepararon, hemos tenido siempre nuestro nivel de autoestima por los suelos. No sólo no sabemos cuánto podemos valer; sino ni siquiera tenemos la más mínima idea de si valemos algo.

Isabel Allende, escritora chilena.

Las mujeres parecen nacer con el estigma de la culpa, por lo menos es algo que hasta hace bien poco podías descubrir en casi todas ellas. No eran personas, sino víctimas, condenadas a ser amas de casa, madres, secretarias y esposas sin escapatoria, como si con eso purgasen su culpa.

Sharon Stone, actriz estadounidense

La mujer es una maravilla. De las mujeres admiro esos arranques de valentía que las vuelve valiosas, ¡imprescindibles! Y al decir valentía, me estoy refiriendo a la manera tan peculiar como enfrentan un dolor, un desengaño o una pérdida.

Emmanuel, cantautor mexicano

Mujeres

¿Por qué una mujer se empeña durante años en cambiar a su marido y luego se queja de que no es el mismo hombre con el que se ha casado?

Barbara Streisand, cantante estadounidense

Yo creo que todas las mujeres son mágicas. Pienso que no hay mujer fea. La más fea del mundo tiene un ángulo en el que es hermosa. Quizás las mujeres feas sean las más perversas, porque uno identifica la fealdad con la maldad. Unas más, otras menos, pero así es.

Jaime Sabines, poeta mexicano

Mujer, mujer divina,
tienes el veneno que fascina
en el mirar.

Agustín Lara, en su canción Mujer

La mujer a la que se ama es simplemente un instrumento para ejercitarse.

Henry Miller, escritor estadounidense

El tormento de la mujer de hoy es más que nada el tener que ser perfecta en el trabajo y en la casa, ser la más guapa y la más inteligente, y encima pedir perdón por ello.

Aitana Sánchez Gijón, actriz española

Si prefiero a cualquier otro pasatiempo los senos de las mujeres es porque en posición transversal resultan la más peligrosa de las almohadas.
Louis Aragón, poeta y novelista español

Las mujeres saben muy bien que mientras más obedecen, más gobiernan.
Jules Michelet, pensador francés

Las mujeres nunca tendrán el mismo éxito que los hombres, porque no tienen esposas que las puedan aconsejar.
Dick Van Dick, personaje de la TV estadounidense

Si alguien entiende a las "damas de la noche" que pueblan la canción *Aves de paso*, como muescas en el revólver, está en un error; no trata de las mujeres que me he tirado, sino de las que no me he podido tirar. Es sobre las mujeres que pasan ante ti durante un segundo y te dejan un aroma, o la que sube contigo dos pisos en un ascensor y luego se va. Es justo ese milagro que produce una mujer durante unos segundos.
Joaquín Sabina, cantautor español

Las mujeres son el diablo, parientes del alacrán.
Canción popular mexicana

Mujeres

La mujer es un manjar digno de los dioses; pero que a veces guisa el diablo.
William Shakespeare, dramaturgo inglés

Después de todo, la más exquisita bendición de Dios es una buena mujer.
George Meredith, escritor inglés

En todos vuestros amores, debéis preferir a las mujeres mayores antes que a las jóvenes, porque poseen más conocimiento del mundo.
Benjamín Franklin, físico estadounidense

Fabiola Campomanes. Fotografía: Mi Guía Editorial, S.A. de C.V. (Alejandro Pasos)

Padres, madres e hijos

Tengo una hija hermosa que se llama Sofía, que no obstante haberla parido muy joven, ha representado una enorme bendición en mi vida. Ya que además de hacerme más responsable, el querer que esté bien cubierta en sus necesidades, me da fuerza y ánimos para trabajar más y mejor.

A pesar de que a mí, como a ninguna madre del mundo, nadie nos preparó para serlo, siento que echando mano del amor y el respeto, he sido una buena madre para ella.

Cuando me enteré que estaba embarazada, lo grité a los cuatro vientos. ¡Jamás me avergoncé! Me veía la panza, me tocaba por todos lados, sin entender las magias de que estamos tocadas las mujeres, para ser capaces de producir a un nuevo ser, ¡en sólo nueve meses! Y te cambia la vida, porque te muestra el amor, pero desde una cara más tierna. Es un amor más exigente que el de pareja.

Mi mamá, me dijo: "El día que tengas un hijo, no vuelves a dormir en paz y tranquila". Y tenía razón, porque de chiquitos, tienes que estar pendiente para cuando se despierte con hambre o alguna molestia; y ya de grandes, esperándolos despierta, pensando si les habrá pasado algo, porque se fueron a una fiesta, y están tan divertidos, que no se ha reportado. Pero a pesar de todo, ¡ser madre es maravilloso!

Cualquier hombre que pretenda estar con una mujer, que como en mi caso, tenemos uno o varios hijos, sabe que se va a llevar el paquete completo. ¡Con hijos incluidos!

Fabiola Campomanes, actriz mexicana

Como Dios no podía estar en todas partes, entonces hizo a las madres.

Proverbio judío

Nuestra misión como madres, debe ser, el conservar a los hijos lo más limpios y puros en esta sociedad que se dirige al caos.

Angélica Aragón, actriz mexicana

Sólo, madre, para amarte
Ya me falta, ya me falta corazón.

Manuel Gutiérrez Nájera, poeta mexicano

Sólo las madres pueden pensar en el futuro, porque son ellas las que lo hacen nacer a través de sus hijos.

Máximo Gorki, escritor ruso

Padres, madres e hijos

El cuerpo no es más que un medio para volverse temporalmente visible. Todo nacimiento es una aparición.

Amado Nervo, poeta mexicano

Mi hijo es como mi espina dorsal. Mi todo. Nuestra comunicación es calor constante y recíproca. Él es el pasaje más emotivo de mi existir. Me preocupa, trato de encaminarlo en esta selva lo mejor que puedo.

Mario Moreno, **Cantinflas,** *mimo mexicano*

A Dios yo pido constantemente
para mi madre vida inmortal;
porque es muy grato, sobre la frente
sentir el roce de un beso ardiente
que de otra boca nunca es igual

José Martí, poeta cubano

La madre, en dos pies, va andando más bella que un sol naciente.

Ramón de Campoamor, poeta español

Papá por treinta o por cuarenta años,
amigo de mi vida todo el tiempo,
protector de mi miedo, brazo mío,
palabra clara, corazón resuelto.

Jaime Sabines, poeta mexicano

En un impulso, lamí a mi hija, cuando el médico me la puso en los brazos, como una loba hace con su cachorro. No pude reprimirme; era lo que más había deseado en el mundo: allí estaba mi hija. Desde luego, fue la mejor manera que encontré de presentarme como su madre.
Glenn Close, actriz estadounidense

Un hijo es la alquimia perfecta, de dos barros sale oro.
Christian Bach, actriz argentina

Cara detenida de mi padre
bajo la piel, sobre los huesos de mi cara.
José Manuel Arango, poeta colombiano

No demuestres desprecio por tus padres. Después de todo, eres su hijo y es probable que puedas parecerte a ellos.
Evelyn Waugh, escritora británica

Para el hombre que tuvo una buena madre son sagradas todas las mujeres.
Jean-Paul Richter

La mayoría de las madres son filósofas de instinto.
Proverbio polaco

Padres, madres e hijos

Amar a un hijo no significa obligarlo a vivir nuestras verdades sino ayudarle a que pueda vivir sin nuestras mentiras.

Silvia Pinal, actriz mexicana

Los niños son como espejos: en presencia del amor, es amor lo que reflejan. Cuando el amor está ausente, no tienen nada que reflejar.

Anthony de Melo, escritor brasileño

El amor más grande es el de una madre; después el de un perro y después el de un novio.

Proverbio polaco

Tengo grabadas en la memoria las manos llenas de llagas de mi madre, que día y noche lavaba ropa para los demás.

Romario, futbolista brasileño

Si delinco, siempre me perdonas, y si padezco, nunca me abandonas mi amor, mi madre, mi fantasma azul.

Luis G. Urbina, poeta mexicano

Si una nunca ha sido odiada por sus hijos, quiere decir que nunca ha sabido ser una verdadera madre.

Bette Davis, actriz estadounidense

Miguel Serratos González

Cuando se tiene un hijo, se tienen tantos niños que la calle se llena.
>*Andrés Eloy Blanco*, poeta venezolano

La relación entre padres e hijos no tiene que ser equilibrada en cuanto al amor que damos. Como su madre tengo el deber de cuidarle, pero él no tiene el deber de estarme eternamente agradecido.
>*Meg Ryan*, actriz estadounidense

Hijo mío:
Si quieres amarme bien puedes hacerlo, tu cariño es oro que nunca desdeño. Mas quiero que sepas que nada me debes, soy ahora el padre, tengo los deberes. Nunca en la alegría de verte contento he trazado signos de tanto por ciento. Mas ahora, mi niño, quisiera avisarte, que mi agente viajero llegará a cobrarte. Presentará un cheque de cien mil afanes, será un hijo tuyo, gota de tu sangre.
Y entonces mi niño, como un hombre honrado, en tu propio hijo deberás pagarme.
>*Anónimo*

Al besar la madre a un hijo amado,
besa a un tiempo al amor de que ha nacido.
>*Ramón de Campoamor*, poeta español

Padres, madres e hijos

Espera de tu hijo lo mismo que has hecho con tu padre.

Tales de Mileto, filósofo griego

Está escrito: una hija es un tesoro inútil para su padre; no duerme de noche, ansioso por ella. Durante sus primeros años, teme que la seduzcan. En su adolescencia, teme que vaya por mal camino. En su edad casadera, teme que no encuentre marido; cuando está casada, teme que no tenga hijos; y cuando es vieja, teme que practique la hechicería.

El Talmud

Una madre, es una mujer que come cuando no tiene hambre, duerme cuando no tiene sueño, y va al baño cuando no tiene ganas. El trabajo de madre es agotador, ¿pero sabes qué tiene? Está muy bien pagado. Un gasecito de tu hijo es un sonido de una brisa paradisíaca.

Gabriela Acher

Nada ni nadie puede impedir que sufran que las agujas avancen en el reloj, que decidan por ellos, que se equivoquen, que crezcan y que un día nos digan adiós.

Joan Manuel Serrat, en su canción Esos locos bajitos

Angélica Aragón. Fotografía: Mi Guía Editorial, S.A. de C.V. (Alejandro Pasos)

Sexualidad

Todos los mexicanos crecemos con una presión muy fuerte en cuestión de sexo, que casi no se puede mencionar porque pareciera que está fuera de lugar.

Es como si se exhibiera algo malo y ofensivo ante los demás. Pero finalmente debemos tomar el sexo con más naturalidad. Es una función de nuestro organismo y, si nos satisface, nos hace mejores seres humanos.

Nuestra parte más íntima, más vulnerable, no es muy satisfactoria porque las mujeres no se dan chance de cubrir esa necesidad. Tantas y tantas mujeres que viven sin alcanzar la plenitud. Si se manifiestan, salen del control del marido, porque él siente que lo están evidenciando si le dicen que no es tan buen amante como pretende.

Si la mujer lo cuestiona y reta, esa imagen de macho todopoderoso se desmorona. Antes de perder a nuestra pareja hablando de nuestras insatisfacciones, preferimos callar, y sólo nosotras conocemos nuestras insatisfacciones.

Uno debe aprender a amar y a relacionarse sexualmente, con la misma naturalidad con que aprende a caminar o a escribir.

Tampoco estoy diciendo, que quien quiera aprender, lo tome como si fuera un deporte. Pero vaya, el arte de amar, sólo se consigue con entrenamiento.

Una mujer que asume, el que además de deseos, tiene necesidades sexuales que deben ser cubiertas, puede ser de lo más divina en la cama.

Angélica Aragón, actriz mexicana

Con el sexo sabemos que es posible la felicidad aunque apenas dure unos instantes.

Javier Rioyo, periodista español.

Te deseo tanto que enloquezco, muero de la sola idea de volverte a encontrar... Quiero que tu mano, tu boca, tu sexo no se aparten de mi sexo. Nos masturbamos en la calle, en los cines, con la ventana abierta. Esta mañana me he masturbado magníficamente pensando en ti. Y mi imaginación no se cansa. Te veo por todas partes, en todo, sobre todo.

Fragmento de una carta de Paul Eluard a Gala

El sexo se convierte en una especie de consecuencia de una muy buena relación fuera de la cama.

Elisa Salinas, productora de telenovelas

Sexualidad

Dar un beso a alguien de repente ponernos colorados por alguien, desear a alguien, eso es la sexualidad.

Sacerdote Muguruza

Para tu luz, mi cuerpo...

Efrén Hernández, escritor mexicano

El erotismo es un paisaje bonito, la salida y la puesta del sol.

Leticia Savater, actriz española

Tus labios estaban mojados como si los hubiera mojado el rocío.

Juan Rulfo, en Pedro Páramo

Hay mujeres que apenas acaban de soltar la muñeca de juegos, cuando ya tienen un "muñeco" para otros juegos que, no por prohibidos dejan de ser excitantes, incitantes y fabulosos. Si hablo de sexo, quiero hablar también de amor, porque uno sin el otro no podrían ser.

Carmen Salinas, actriz mexicana

La transpiración, el sudor, tiene la función de evitar que dos personas se incendien cuando se hacen el amor.

Don Rose

Sin imaginación, el sexo es canino.
>	*Bigas Luna*, director de cine español

¿Será esto el mar? O es sólo la costumbre de besarte.
>	*Marcela Fuentes Berain*, poeta mexicana

Si te ofendí al besarte, si te parece una ofensa grave el besarte, desquítate, anda, págame con la misma moneda.
>	*José Emilio Pacheco*, poeta mexicano

El sexo es algo personal, complejo, misterioso, que por mucho que se cuente y se diga en voz alta, nunca se adulterará, porque cada persona lo vive de una forma muy concreta. Yo lo veo como algo muy natural, que tiene que ver con el deseo, con la piel... y cuando además amas a alguien, no hay barreras, es la comunicación total, el momento más sagrado de dos seres humanos, la intimidad total, acercarse a algo divino. Para mí, el sexo forma parte de la vida de una manera absoluta, como el agua cristalina.
>	*Isabel Gemio*, comunicadora española.

Coger de tus labios, en lugar de frutos, besos tan dulces como dátiles.
>	*Mirza Rachan Kayil*, poeta afgano

Sexualidad

Los científicos aseguran que el cutis de una mujer que no tiene orgasmos tiende a envejecer más rápido.

Martha Gorostizaga, periodista española

Hay mucha gente que llega a la relación sexual sin antes mirarse a los ojos, sin conocer la intimidad de la otra persona, de decir una palabra que llegue al corazón.

Margarita Gralia, actriz

Mirar tu cuerpo sin más luz que la tuya.

Vicente Aleixandre, poeta español

El placer sexual es producto de la combinación de lo físico con el pensamiento, de esa elaboración mental en la que está incluido el imaginar desde antes del encuentro lo que se va a decir, los gestos que se van a hacer, los comentarios, los chistes, las posturas que se van a adoptar, todo eso que es lo bonito del amor.

Elías Nandino, poeta mexicano

Me gusta que las mujeres se sientan satisfechas sexualmente, que tengan muchos orgasmos y esto se logra no siendo egoísta, sino también pensando en su satisfacción.

Leonardo García, actor mexicano

El sexo ha dejado fuera de combate al amor.
Mónica Manni, modelo italiana

... hicimos del amor una batalla,
hicimos de la piel una experiencia
y unidos coronamos nuestra hazaña.
Patxi Andión, cantautor español

Ejerzo el sexo, porque en éste se encuentra el secreto de la hermosura.
La Beba Galván, *personificada por* **Víctor Trujillo**

Tus senos tienen un lejano sabor a continente.
Eraclio Zepeda, poeta mexicano

Igual que a uno se le enseña a bañarse todos los días, a lavarse los dientes, a cortarse las uñas, pues se le debe enseñar todo lo relativo al sexo.
Jacobo Zabludovsky, periodista

La caricia es la poesía del tacto. Quien no desea ser acariciado es porque debe ser tonto. Siempre desea que te acaricien el corazón, es lo que más perdura.

Pedro Ruiz, actor español

Sexualidad

Más los labios de mi amada, pequeños y sonrosados, siempre frescos y olorosos como pétalos de rosa.

Tse-Tie, poeta chino

Cuando amamos físicamente a una mujer, nos insertamos en la tierra. El espasmo del orgasmo amoroso tiene algo de agonía.

Juan José Arreola, escritor mexicano

A las mujeres no les enseñan lo que es alcanzar un orgasmo. Es raro el hogar donde se habla de eso. La educación sexual tiene que ver con el derecho de la mujer a ser satisfecha. Es una situación delicada el hecho de que dos cuerpos se conecten, pues es la única manera que dos almas pueden conectarse.

Demián Bichir

Tus senos tienen un aire de vicio. Por contagio florezco yo de nuevo en los juegos de tu boca.

Franz de Haes, poeta belga

Aún te recuerdo, besándome el cuello
gritándome a besos, te quiero, te quiero,
aún en mi boca, tus olas explotan
en huelga de ropa, de mundo y de tiempo.

Gil Rivera, cantautor mexicano, en Aún te recuerdo

Miguel Serratos González

El beso está hecho de la nada, pero sabe muy dulce.

Mary E. Buell

¡Quiero que me perfumes con besos tuyos los cabellos, los ojos, la boca, el alma!

Rubén C. Navarro, poeta mexicano

Pero lo tropical eran sus pechos.
Dos frutos que encendían la mañana
con el aroma de su pulpa abierta
desparramada al sol.

Justo Jorge Padrón, poeta español

Conocí una mujer de chocolate,
piel caoba brillante
para acariciarla con manos calientes.

Raúl Aceves, poeta mexicano

En México hay mucha negación de sí mismo, no se acepta que el sexo es la consecuencia de que uno está vivo.

Isela Vega, actriz mexicana

Y hay una sola saliva y un solo sabor a fruta madura, y yo te siento temblar contra mí como una luna en el agua.

Julio Cortázar, escritor argentino

Sexualidad

Hay cosas peores que el sexo y sin embargo mucha gente no lo entiende. El sexo no debe ser un tabú. Más bien debería ser considerado algo normal. Por no ser así ocasiona temores, angustias y frustraciones en las gentes que luchan contra todo y contra todos e incluso en contra de sí mismos para reprimir sus impulsos. En Inglaterra, el problema ha llegado al máximo. Ahí los censores, la gente religiosa, etcétera, han iniciado grandes campañas en contra del sexo, del erotismo y del nudismo, olvidando cosas peores como la violencia, la maldad, el crimen, la guerra.

Jane Fonda, actriz estadounidense

... sabré poner sobre tus senos
un regio pectoral de mil brillantes.

Jesús V. Esquivias, poeta mexicano

Las caricias son el lenguaje del tacto allá donde las palabras no llegan.

Sergi Mateu, actor español

Esas chicas guapas de barriguita hundida, jeans ceñidos y tetitas de globo no están para coñas: o cumples como debe ser o buscan inmediatamente a otro.

Naty Mistral, cantante española

Acaricio tus bucles,
y me escondo en tu nuca rizada.
Desde allí me deslizo a tu cuello.
De tu cuello, doy un brinco a tus senos de marfil...

José Inés Novelo, poeta mexicano

El sexo es uno de los milagros de la vida. Es uno de los regalos de Dios.

Nicolas Cage, actor estadounidense

... ese desastre de haber nacido con los cuerpos separados.

Andrea Montiel, poeta mexicana

Creo que una pareja está haciendo el amor cuando ambos lo disfrutan plenamente, sin culpas, prejuicios, ni tabúes; sin obligación ni humillación. Una pareja tiene que hacerse el amor de la manera más osada, más atrevida, hasta donde la imaginación se los permita en su intimidad, pero como regla fundamental, es disfrutándolo ambos totalmente.

Margarita Gralia, actriz mexicana

Su cuerpo me llovió por todas partes;
éramos dos ríos mezclándose.

Jesús Falconi, poeta mexicano

Sexualidad

Si me tocas mi cuerpo reverdece, se hace enredadera,
olivo, manzano, quiere dar frutos de puro gusto.
Arturo Trejo Villafuerte, poeta mexicano

El hecho de hacer el amor es una agresión para una mujer. Cuando eres adolescente y te casas jovencita, después te acostumbras y te gusta, el amor es una agresión. Suave, pero finalmente una agresión.
María Félix, actriz

Yo soy la madre de doña Rosita
y quiero que se case
porque ya tiene dos pechitos
como dos naranjitas,
y un culito como un quesito,
y una urraquita que le canta y le grita.
Y es lo que yo digo: le hace falta un marido,
y si fuera posible dos. Ja, ja, ja, ja.
Federico García Lorca, poeta español

Donde pongo el ojo pongo la boca.
Yolanda Andrade, actriz mexicana

... y cuando nuestros cuerpos sudan se bendicen.
Arturo Trejo Villafuerte, poeta mexicano

Atlas universal del gozo eres, amada.
Eraclio Zepeda, escritor mexicano

Antes de la existencia de la píldora, lo que marcaba el sexo eran los terrores al embarazo; pero cuando llegó estuvo muy bien, porque mujeres y hombres pudimos dedicarnos, tranquilamente, a descubrirnos.
Marisa Paredes, actriz española

Enamorada, mi pelo, mis ojos, mi boca y todos los metros de piel que me cubren, se convierten en zona erógena.
Margarita Rosa de Francisco, actriz colombiana

Al principio, el sexo es como el chocolate, ¡Quieres comerlo todos los días!
Denise de Kalafe, cantautora brasileña

Los amantes se llaman por teléfono para escuchar tan sólo su propia respiración.
Juan Gustavo Cobo Borda, poeta colombiano

Las mujeres que disfrutan del sexo tienden a describirse a sí mismas como amables y simpáticas, y confían más en la honradez y la buena disposición de los demás.
Revista **Dunia**, julio de 1985

Sexualidad

Tocar uno de tus pechos.
La mano queda cegada de dulzura.
Tomás Segovia, poeta español

Creo que todo hombre ama a la mujer a quien está besando, aunque sea por desesperación.
José Saramago, Premio Nobel de Literatura

He depositado más de tres mil besos en la alcancía de tu mejilla.
Raúl Aceves, poeta mexicano

No conoce el arte de la navegación quien no ha bogado en el vientre de una mujer, remando en ella, naufragado y sobrevivido en una de sus playas.
Cristina Peri Rosi, escritora uruguaya

Me siembro en tu cuerpo si lo quieres,
te cubro de otro color si lo deseas.
Cuando estoy contigo es tiempo de vendimia.
Arturo Trejo Villafuerte, poeta mexicano

Entre cuatro paredes la mujer puede hacer un acto de erotismo ante un hombre porque lo ama, para excitarlo y para lograr un momento más agradable.

Thelma Tixou, bailarina argentina

No hay buenos ni malos amantes, hay formas diferentes de hacer el amor, tantas como seres humanos hay en el mundo. La cuestión es que la pareja coincida en su peculiar e intransferible manera de entender el amor y el sexo. Es entonces cuando se vive en la felicidad.

Don Johnson, actor estadounidense

¡Oh! ¡Saber que en lo desconocido
existen tus senos,
como un puerto que me espera.

Fernando Ferreira de Loada, poeta brasileño

...y beso tu boca de grana,
jugosa manzana
que me habla de amores.

Agustín Lara, en su canción Granada

Por el día los fantasmas
sueñan con la curva suave
de tu espalda.

Roque Narvaja, cantautor español

Prefiero el cuerpo
de la que se desnudaba
con su luz tan propia
y tan humana.

Alejandro Aura, poeta mexicano

Sexualidad

Una mulata
de pitones en punta
bajo la bata.
     Rafael Alberti, poeta español

No hay mejor cobertor que un marido.
    Gabriela Goldsmith, actriz mexicana

No existe mejor afrodisíaco que una mujer bella que lo ame a uno; ni mejor afrodisíaco que estar bien comido y bien bebido.
      Alex Cardini, restaurantero

Cuando un hombre se hace mayor, en eso del sexo debe ser como el Llanero Solitario: las balas son de plata y hay que cuidarlas.
    Alfredo Adame, actor mexicano.

Un beso gritará siempre porque es un pacto de amor de prodigiosa complicidad.
    Mónica Lavín, escritora mexicana

Sus senos altos como flores espigadas.
    Sergio Monsalvo, poeta mexicano

Su cuerpo sobre mi cuerpo
de pronto me siento florecer...
    Clementina Suárez, poeta hondureña

Llévame con tus ansias,
en las nevadas uvas de tus senos.

Julio Herrera y Reissing, poeta uruguayo

Es tocar el cielo, poner el dedo sobre un cuerpo humano.

Novalis, poeta alemán

Un buen vino y un buen diálogo con una mujer hermosa, es más excitante que cualquier viagra.

Enrique Rocha, actor mexicano

Estoy enamorado de tu busto
tan único, tan bello, tan venusto,
que hace estremecer a los perversos.

José Rubén Guillén, bohemio de Xelajú

El amor real entre un hombre y una mujer se basa en la amistad, mientras que el sexo es el sexo, ¡Mmm!, El sexo lo decide el físico, lo pide el cuerpo, las moléculas y las hormonas. Eso no más das y... ¡Órale! Es lo que tu físico pide. Eso está bien, hay una razón biológica que debes de entender, porque si todo lo que te ofrecen lo agarras y no cuestionas, pues eso es lo que está mal.

Isela Vega, actriz mexicana

Sexualidad

El sexo es muy rico y nos mantiene vivos.
Víctor Trujillo, actor mexicano

Se desnudan ante una cámara quienes no tiene vergüenza o consideración para los demás, o quienes tienen la conciencia tranquila y piensan que su cuerpo no es ofensivo, que es un cuerpo bien hecho, como el mío, que está muy bien hecho.
Andres García, actor mexicano

Ricky Martin. Fotografía: Mi Guía Editorial, S.A. de C.V.

Soledad

La soledad no me molesta. Hay artistas a los que les gusta estar rodeados de mucha gente o de varias mujeres. A mí no me hace falta tener una mujer a mi lado para ser feliz.

No niego que la mujer es indispensable en la vida de cualquiera. En mi caso disfruto mucho de mi soledad porque muy pocas veces puedo gozar de ella. Mi mayor disfrute, cuando tengo mucho estrés, es verme desnudo y caminar como Dios me trajo al mundo.

En esos momentos es cuando me pongo a meditar hacia dónde voy, qué soy, qué quiero; me escucho respirar y escribo en mi diario cualquier cosa que se me venga a la cabeza.

Hoy, que la bendita fama me ha arropado y me ha hecho suyo, es terriblemente difícil verme con mi amiga la soledad. Me lanzo en paracaídas, y el tiempo que tardo en caer del cielo a la tierra es rico, casi orgásmico.

Encuentro delicioso escaparme a sitios donde no soy conocido, sentarme en la banca de un parque, mirar a la gente, ser mirado por ellos como a un igual, mientras tomo un helado

o una gaseosa y escribo en mi diario. Quisiera que me pusieran, solo, en una isla desierta, que me dieran todos los materiales para hacerme una choza de palmeras, y que cuando la haya terminado me pongan a la mujer, porque si me la ponen primero, ¡se olvida la casa, la palmera y nunca armo nada!
Ricky Martin, cantante puertorriqueño

La soledad destella en el mundo sin amor.
Vicente Aleixandre, poeta español

Si no te tengo estoy solo de soledad mutilada.
Agustí Bartra, poeta español

Y en mi habitada soledad tuve tiempo
para reflexionar en la esperanza.
José Emilio Pacheco, poeta mexicano

El mejor antídoto para la soledad es uno mismo.
María Alicia Delgado, actriz mexicana

La soledad es a veces una gran compañera.
Juan Rulfo, escritor mexicano

El estar solo hace que seas una persona también mucho más disponible.
Javier Marías, escritor español

Soledad

Supongo que en lugar de liberarme de la soledad, la he usado como refugio, porque ahora me gusta ser más ermitaño. El saber que la gente no me quiere por lo que soy me hace escapar y huir de todo. Antes le temía; ahora la considero una gran compañera.

Luis Miguel, cantante mexicano

Me gustar estar rodeada de gente, de hecho, siempre lo estoy; pero me gusta disfrutar momentos de soledad en los que pueda encontrarme conmigo misma, en los que pueda aclarar mis dudas, que son muchas.

Shakira, cantante colombiana

Y, sin mirar,
tu ausencia me penetro en el pecho
para lamer mi corazón.

José Carlos Becerra, poeta mexicano

... me busco en mi cuarto
como se busca, a veces, un objeto perdido.

Xavier Villaurrutia, poeta mexicano

Yo nunca renunciaré a mi soledad,
por un poco de amor.
Pero por mucho amor, sí.

Poesía cubana anónima

Miguel Serratos González

El mejor pensamiento ha sido realizado en soledad. El peor fue realizado en la muchedumbre.
Thomas Alva Edison, inventor estadounidense

Aprendí que hay que acostumbrarse a la soledad, lo que no significa que se reconcilie una con ella. La soledad me enoja porque se sufre sin que nadie esté con una cuando se llora, sin que nadie comparta verdaderamente la pena. Qué suerte tienen las personas creyentes que pueden descargar el peso de sus almas en el regazo de Dios. ¡Yo no puedo hacerlo, y lo lamento!
Marlene Dietrich, actriz alemana

Una soledad se enciende y arde en el alba de un callejón donde perderse de amor es el acierto.
Ana Aridjis, poeta mexicana

A mis soledades voy,
de mis soledades vengo,
porque para andar conmigo
me bastan mis pensamientos.
Lope de Vega, poeta español

Amo el desierto.
No se ve nada, no se oye nada...
Sin embargo, algo resplandece en el silencio.
Laureano Brizuela, cantante argentino

Soledad

El talento se nutre mejor en soledad.
Johann Wolfgang Goethe, poeta alemán

Ayer estuve en casa completamente sólo y se fue la luz. Tenía mucho tiempo de no estar conmigo de la manera que estuve ayer y me gustó, porque cuando no hay luz, no hay libro, no hay televisión, no hay radio; estás absolutamente contigo... y me la pasé bien.
Ricardo Arjona, cantautor guatemalteco

Lo único que me afecta es la soledad no deseada. Cuando es voluntaria, se convierte en el arma más fuerte que tiene el ser humano para refugiarse en todas sus emociones.
Julio Iglesias, cantante español

La soledad hace falta para pulirte. Es necesaria en muchas etapas de tu vida, porque fortalece el espíritu. Nadie la quiere, porque en ocasiones te es impuesta por problemas, porque así te toca. Aún así, si logras superarla, es positiva.
Emmanuel, cantautor mexicano

También en soledad de amor herido.
San Juan de la Cruz

Juan Gabriel. Fotografía: Miguel Serralos González

Vida

Creo que haber tenido la oportunidad de poder nacer, es un gran triunfo que no cualquiera ha conseguido, dado que son grandes cantidades de espermatozoides y solamente uno llega. De allí en adelante creo que tiene uno la obligación de ser cada día mejor como ser humano.

No es bueno sufrir, son manifestaciones negativas que solamente le afectan al cerebro, al corazón, al páncreas, al hígado y a los riñones.

Lo más vergonzoso para mí es pedir. Yo lo único que pediría sería sabiduría y con eso saldría adelante. Yo sé que hay un Dios, dicen que si pides te dará, pero todo en la vida es por merecimiento propio.

Yo creo que a Dios le gustaría tener a su gente muy sana, muy capaz, muy divina, y que con sus hechos le dieran la gracia de haber tenido la misma oportunidad de nacer.

Así que el sufrimiento para mí es la ignorancia y la felicidad es saber, porque solamente el que sabe más tiene derecho a tener más.

Juan Gabriel, cantautor mexicano

La vida es como el amor: nos la dan sin pedir y nos la quitan sin querer.

José Luis Coll, humorista español

La vida es como tocar el violín en público e ir aprendiendo y dominando el instrumento mientras lo haces.

Samuel Butler, poeta inglés

Tengo muchas ganas de vivir aún; ojalá y Dios me hiciera una extensión de mi boleto, pero si tuviera que irme, me voy contento, porque soñé, luché, coseché y estoy en paz conmigo, con mi gente. Estoy listo.

Joan Sebastián, cantautor mexicano

En la vida siempre es conveniente hacer un análisis detenido para saber quiénes nos aman, quienes nos odian, etcétera. Sólo así se aprende realmente a amar a la gente, a odiarla y a permanecer indiferentes ante aquellos que no nos simpatizan.

Jane Fonda, actriz estadounidense

La vida me ha enseñado a que no hagas planes porque en un minuto se me da vuelta la tortilla y debo adaptarme a otras circunstancias.

Isabel Allende, escritora chilena

Vida

En esta vida, nada es tan fuerte como un momento de debilidad.

Joaquín Sabina, cantautor español

Mi vida es un hermoso jardín, en él he plantado árboles y flores que me gustan. Raras veces salgo de mi jardín, y cuando lo hago me pongo botas altas para que las víboras no puedan morderme.

Mia Farrow, actriz estadounidense

Cada mañana tienes a tu alcance dos mangos. Puedes asir el mango de la angustia o el mango de lo positivo; según el mango que escojas será el día.

Anónimo

Para qué quieres vivir si no lo haces con amor.

Eraclio Zepeda, poeta mexicano

No somos semillas para vivir eternamente.

Carmen Montejo, actriz mexicana

La vida no es otra cosa
que una ruta de emoción:
cada amor es una rosa,
cada sueño, una canción.

Rosario Sansores, poeta mexicana

Mi vida ha sido maravillosa. Lástima que no me diera cuenta a tiempo.
Sidonia Gabriela, Colette, *novelista francesa*

El mundo es un hermoso lugar para nacer, siempre que tomes en cuenta que la felicidad no siempre es divertida y que las cosas se van al diablo justo cuando todo parecía ir andando tan bien, porque ni siquiera en el cielo se canta todos los días.
Lawrence Farninguete, *poeta beatnik*

Me había pasado seis meses mirando a través de los barrotes de una ventana y me sentía morir lentamente. En aquel hospital había pocas opciones, pero yo escogí vivir y, desde ese momento, he luchado por ser feliz.
Drew Barrymore, *actriz estadounidense*

En la vida hay tantas cosas mágicas, que haya cada año primavera, por ejemplo. Tener diez dedos en las manos y que haya algo tan bueno como el sol, que es una cosa gratis, que ilumina a todos y por las noches se va a dormir.
Javier Mariscal, *diseñador gráfico español*

La vida: agítese mucho antes de usarla.
Miguel de Unamuno, *escritor español*

Vida

Aún no sabemos qué hacer con esta breve vida y todavía queremos otra que sea eterna.
Anatole France, escritor francés

Estoy en la vida,
y por lo mismo,
me expongo a sus altibajos.
Jaime Sabines, poeta mexicano

Disfruto todo de la vida, desde un rayo de sol que se mete por el cristal hasta una hoja que se mueve con el aire.
Consuelo Velázquez, compositora

Para mí la vida es compartir, creer y sobre todo ahora: luchar. No concibo la vida sin tener que luchar.
Tania Libertad, cantante peruana

Estoy sentado sobre la vida como el mal jinete sobre el caballo.
Debo agradecer a la bondad del animal el no ser derribado ahora mismo.
Ludwig Wittgenstein, filósofo alemán

Tú no puedes volver atrás porque la vida ya te empuja como un aullido interminable.
Juan Goytisolo, escritor español

La vida es una tragedia cuando se mira en primer plano, pero una comedia cuando se mira a distancia.

Charles Chaplin, actor inglés

El gran placer en la vida es hacer lo que te dicen que es imposible.

W. Babehot

Yo soy una mariposa. Siempre me ha gustado ser libre. Y es imposible atrapar a una mariposa. Cuando se abren las manos la mariposa siempre se remontará al infinito.

Mia Farrow, actriz estadounidense

Los problemas son parte de la vida. Compartiéndolos, le permites al ser amado probarte cuánto te ama.

Dinah Shore

En la vida, de lo humano y lo divino, lo único que me enloquece realmente es la inteligencia: ésa sí que da *sex-appeal* a las personas.

Ninón Sevilla, actriz y bailarina cubana

Una vida tan sólo. Pienso que si viviera siempre, no me entristecería la despedida.

Shirome

Vida

Las ilusiones son necesarias para la vida. Son las que hacen que la vida sea tolerable. Si desnudamos al mundo de ilusiones, no tendremos nada porque vivir, sin ilusiones no habría amor, ni arte, ni religión.

Lin Yutang, pensador chino

La vida es eso que te sucede cuando estás ocupado haciendo otros planes.

John Lennon, cantautor inglés

Hay quienes aseguran que el destino ya está escrito, mientras que otros afirman ser capaces de controlar las facetas que rigen sus vidas. Yo creo que somos como un barco en el que el destino está representado por el viento y la tormenta, elementos que te pueden tumbar sin misericordia. Pero al final, uno es quien tiene el timón y puede maniobrar. Además, el mar siempre termina por serenarse.

Carmen Posadas, escritora uruguaya

No estoy conforme conque nada más nos den un pequeño tiempo para vivir. ¡Caray! Quisiera trescientos años más de vida. Tengo cosas que aprender, muchas cosas que ver y mil más por hacer.

Salvador Pineda, actor mexicano

Y, no obstante, la vida es bella,
por poseer la perla, la rosa, la estrella
... y la mujer.

Rubén Darío, poeta nicaragüense

Sin riesgo, la vida es monótona y aburrida.

Mickey Rourke, actor estadounidense

Si algo vale la vida, es porque enseña una lección de bondad. *Lin Yutang*, pensador chino

Tú haces de mi vida esta ceremonia demasiado pura.

Alejandra Pizarnik, poeta argentina

Me abrazaría a la vida como a una mujer, pleno de consideraciones y ternura, Incluso medio turbado y agresivamente puro y desnudo. Estrujaría a la vida como a un ser amado.

Gustavo Sainz, escritor mexicano, en Compadre Lobo

La vida es insoportable para aquel hombre que no tiene siempre algo de entusiasmo cerca.

Maurice Barrés, escritor francés

La vida te da sorpresas
sorpresas te da la vida.

Rubén Blades, cantautor panameño

Vida

Vivir gozosamente, jubilosamente, serenamente, embriagadoramente, divinamente, conscientemente.
Henry Miller, escritor estadounidense

Júntenme toda la vida que no he vivido.
Pienso vivirla, ahora.
Y no les invito ni un cachito.
Me voy a vivirla toda.
Kyra Galván, poeta mexicana

La vida comienza al otro lado de la desesperanza.
Jean Paul Sartre, escritor francés

Mueran los que no creen
que la vida
se construye a cada instante
y es hermosa.
Alejandro Aura, poeta mexicano

Cuida que la vida no sea un largo proceso de cansancio.
Samuel Butler, poeta inglés

Todos los días vivimos en un mundo mágico, pleno de belleza, pero estamos demasiado ciegos, para verlo y demasiado saciados para disfrutarlo.
Anónimo

Día a día tengo la oportunidad de vivir una nueva y hermosa experiencia.
Magda Guzmán, actriz

El ser humano nace para vivir, y no para prepararse a vivir.
Boris Pasternak, escritor ruso

No hay final. No hay comienzo. Solamente hay la infinita pasión de vivir.
Federico Fellini, cineasta italiano

Y recuerda: si no esperas nada, la vida será como terciopelo...
Lisa Gardiner

Soltar el lagrimón te deja vivita y coleando.
Maribel Verdú, actriz española

La vida es como un árbol que va creciendo, que le van saliendo hojas, luego tiene frutas, que se le caen, ¡y qué le salen otras! Se va ensanchando, haciéndose más rugoso y fuerte.
Verónica Merchant, actriz mexicana

La vida debe ser un reto, aunque llegues a los cien años o tengas trillones de dólares.
Beah Richards

Vida

La vida es como la ciruela: también pasan las penas amorosas. Después del duelo viene una etapa muy productiva, aunque estés sola, es una fase de reencuentro con la vida y registras todas las bondades de la vida, todo te sale, todo florece, como en la primavera.

Patricia Reyes Espíndola, actriz mexicana

Cada día me pregunto cuáles van a ser las sorpresas agradables del día y cuales las siniestras; me intriga lo que me espera y por eso me levanto de la cama.

Hugo Argüelles, dramaturgo mexicano

Tu vida son los pies en que se sostiene mi felicidad.

Enrique Jardiel Poncela, escritor español

Estoy muy enamorada de la vida. Como no tengo la certeza de vivir otras vidas, prefiero vivir esta con toda la intensidad.

Martha Chapa, pintora mexicana

Amor, la vida sigue
Anda lo más campante
Va de abajo hacia arriba
crece a más no poder.

Armando Tejada Gómez, poeta argentino

Cuando alguien le hecha combustible a tu vida es maravilloso.

Elizabeth Berkley, actriz estadounidense

Abre tus brazos fuertes a la vida
no dejes nada a la deriva
del cielo nada te caerá,
trata de ser feliz con lo que tienes
vive la vida intensamente
luchando lo conseguirás.

Napoleón, cantautor mexicano, en la canción Vive

El alma no vive en el cuerpo como en una casa, sino como en una tienda de campaña, un lugar para morar temporalmente.

Sabiduría Hindú

Mi vida toda canta, besa, ríe.
Mi vida toda es una boca en flor,
donde se posan mariposas
... y un poco de tu amor.
Mi vida toda canta, besa, ríe.

Delmira Agustini, poeta uruguaya

Lo trágico y lo más estúpido de la vida es que cuando se aprende lo realmente importante es demasiado tarde para servirte de ello.

F. Nietzche, en Más allá del bien y del mal

Vida

El cuerpo del hombre no es un lugar, sino una posada y esto por poco tiempo.
Lucio Anneo Séneca, filósofo griego

La vida es la mejor ganga: ¡nos la dan gratis!
Proverbio Yiddish

Después de vivir y soñar, lo que más me importa en esta vida es despertar.
Alejandro García, Virulo, *cantautor cubano*

La vida es un rompecabezas con piezas faltantes.
Anónimo

Si tuviera yo la facultad gigantesca de que mis padres me volvieran a invitar al mundo, creo que repetiría mi camino con lo que he hecho y me ha gustado.
Eraclio Zepeda, escritor mexicano

Vine a vivir en la gloria del amor
y a la luz de la belleza,
que son los reflejos de Dios.
Aquí estoy, vivo, y no puede ser destronado
del dominio de la vida,
porque a través de mi palabra viviente
viviré en la muerte.
Gibrán Jalil Gibrán, poeta libanés

Vida... es una mujer que siempre está de prisa. Siempre queriéndose ir, como si temiera que alguien la sorprendiese en nuestros brazos.

Manuel Gutiérrez Nájera, poeta mexicano

Al hombre le suceden cosas importantes una vez, o dos, en toda su vida. Alguien puede morirse a los ochenta y haber vivido, lo que se llama vivir, quince días de su vida, o nada. Si lo importante se presenta hay que tener la decisión de vivirlo. Si uno lo deja pasar es un pendejo, porque ese día no lo vuelve a tener y el vacío se le queda.

Juan Rulfo, escritor mexicano

A mí me gusta la vida todo consiste en que uno se la sepa administrar.

Mel Brooks, actor de cine estadounidense

Nada es más triste que morirse rencoroso o sediento de vida.

Juan José Arreola, escritor mexicano

Lo más bonito de la vida es vivirla; creo que la he vivido intensamente, con ratos amargos y dulces, como los tamales.

Eulalio González, **Piporro**, actor y cantante mexicano

Vida

> Camarada vida ¡vamos a caminar más rápido!
> *Vladimir Maiakovski*

¡Tengo un caballo Lucero!
Y una mujer muy bonita,
un buen perro perdiguero
y un mezcal que resucita.
El caballo me pasea,
la mujer huele a maíz,
el perro ladra y colea.
¡Yo soy un hombre feliz!
Me despierto de mañana
con el canto del zorzal
y recostado en la cama
me desayuno un tamal.
Viene luego el chicharrón,
un jarrito de tequila,
una raja de limón,
¡y así da gusto la vida!.

Fragmento de una vieja canción mexicana

Tengo mucha vida por delante, no des por supuesto que voy a estar contigo.

Spice Girls, *grupo londinense, en* Love thing

La vida es como el boxeo: Todos tenemos un plan hasta que nos noquean.

Brenda Salmón

La vida es bella como una lluvia de girasoles.
Fayad Jamís, poeta cubano

He podido vivir de hacer lo que me de la gana, lo que me gusta, y también he descubierto que si lo haces así, te pagan más que si haces lo que quieren los otros. No es rentable obedecer a los demás. Si obedeces, no te valoran, te desprecian.
Fernando Trueba, director de cine español

Creo que una gran parte de la vida está en nuestras manos, y se puede construir este barco con muy pocos medios.
Pedro Casals, escritor español

Frases célebres de ricos y famosos
Tipografía: *Alfonso Pliego*
Negativos de portada e interiores: *Reprofoto*
Esta edición se imprimió en febrero de 2002,
en *Editores, Impresores Fernández,* Retorno #7
Sur 20 #23, México D.F. C.P. 08500